"Jobs to Be Done"

「ジョブ理論」完全理解読本

ビジネスに活かすクリステンセン最新理論

津田 真吾 + INDEE Japan［著］

Biz/Zine

CONTENTS

はじめに

この本を「雇って」いただき、ありがとうございます。

本書は、『ジョブ理論　イノベーションを予測可能にする消費のメカニズム』（原題：Competing Against Luck : The Story of Innovation and Customer Choice）を日本の読者により馴染みやすく、ジョブ理論を有効に活用して頂くための、いわば副読本です。そのため、以下の3つの点を意識して執筆しました。

・著者であるクリステンセン教授の原点である「破壊的イノベーション」とのつながりを伝えること
・経営者のみならず、企業内事業開発者やスタートアップ、マーケティング担当者などにとって「理論」を使えるように補完すること
・日本人にとって馴染みのある事例を増やすこと

前半はジョブ理論の要素やフレームワークなどの解説、後半はジョブ理論を実際に活用する方法論などを紹介する構成にしています。以下に重要なポイントを挙げておきましょう。

《クリステンセンの破壊理論とジョブ理論の関係》

ジョブ理論の考え方自体は、15年ほど前から存在しています。実はクリステンセン教授は、1997年に『イノベーションのジレンマ』を発表した6年後に『イノベーションへの解』の中でジョブ理論を発表しました。『イノベーションへの解』については聞いたことがない方も多いかもしれませんが、『イノベーションのジレンマ』はご存知の方も多い

でしょう。『イノベーションのジレンマ』は乱暴にまとめると、大企業は「破壊的イノベーション」を起こすのには向いていない、ということです。大企業内外に存在する構造的な理由などを、クリステンセン教授は分析するのですが、大企業にありがちな閉塞感を的確に指摘することで多くの経営者や技術者の認める一冊となり、現在もなお、イノベーションを語る上では不可欠な地位を築きました。

その後、クリステンセン教授は大企業でもイノベーションを起こす方法論の実践と研究に取り組みます。その成果の一部が『イノベーションへの解』です。こちらも、とても簡単にまとめると、大企業においてイノベーションを起こす方法論が書かれた一冊です。前作の続編という誤解があったのかもしれませんが、『イノベーションへの解』は実践の本であり、この中で「片付けるべき用事」(Jobs to Be Done) という考え方が登場しました。そして、その考え方をさらに掘り下げたのが、本書が扱う『ジョブ理論』です。ジョブ理論は一部の実務家に注目され、実践されることになります。その代表例がクリステンセン教授の設立したイノサイト社の活動です。確かな方法論が徐々に知れ渡り、P & G やシティグループ、GM などの名だたる企業が「イノベーションのジレンマ」を乗り越える手助けや、新たな成長事業を見出す指針、イノベーションを起こすための施策を求めてイノサイト社を訪ね、イノサイト社自身も世界に 100 人のコンサルタントを持つ組織へと成長しました。そのようにジョブ理論は実践に応え、耐える理論だとご理解いただけると思います。

クリステンセン教授の破壊理論からジョブ理論への流れをざっと整理すると、次の図のようになります。(かなり簡略化していますので、詳しい内容については各書籍をお読みください)

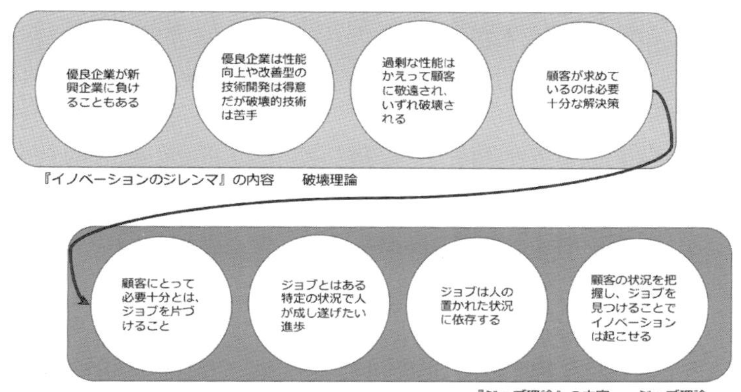

《マーケティングの落とし穴》

クリステンセン教授がいかに著名な経営学者であったとしても、ハイテク業界に身を置かない方々の多くは『ジョブ理論』でその名前を初めて知ったのではないかと思います。それもそのはずで、「破壊」とか「性能」といったキーワードは、技術でしのぎを削るメーカーやIT業界でこそ大きな意味を持っていたからです。しかし、あらゆるものがインターネット空間上に存在し、テクノロジー抜きでは語れなくなりつつある近年は業界の境目なく、企業活動は破壊的イノベーションに晒されています。さらに、モノも情報も過剰にあふれることにより、消費者の興味を引くことが極めて難しくなり、マーケティング施策も虚しく終わることも増えています。こうした時代を反映して、昨今はサービス業や大量消費材メーカーなどのマーケティング担当者を中心にクリステンセン教授の理論が反響を呼んでいます。

クリステンセン教授の両理論が持つ共通の特徴は、合理的な判断には限界があるという点にあります。経営の失敗を「油断」や「奢り(おごり)」などの精神論に求めるのではなく、従来の合理性が破綻している領域に新たな理論を提供しているのです。例えば、顧客の声を聞き、製品の改善・改良することはとても合理的で優れた経営をもたらすと考えられていますが、『イノベーションのジレンマ』では、改善・改良一辺倒では限界があることを述べています。これと同じように、『ジョブ理論』では従来の商品企画の考え方や、マーケティングデータの使い方に警鐘を鳴らしています。この警鐘が大半の企業で起きている「あるある」的な現象に当てはまっていることも反響の大きさにつながっています。

特に陥りがちな落とし穴が２つあります。ひとつは、定量データ偏重のマーケティング活動です。そして、二つ目は相関関係と因果関係を取り違えてしまうことです。

まず、定量データ偏重のマーケティングが危険な理由を説明しましょう。客観的に見えますが、あくまでも売上データは結果です。「ニーズのあるものを作れば売れる」と言うのは、「売れるものを売れ」と言っているのと変わりがありません。大切なのは、売る前に売れるモノを知ることです。売ったあとに売上データを精度よく分析することではありません。もちろん、未来を予測することは簡単ではありませんが、過去を厳密に調べることと混同してはならないのです。集積された膨大なデータの前に、つい私たちは厳密な分析を求め、何らかの答えが潜んでいるのではないかと期待をしてしまいます。

さらに、マーケティング「分析」では、文字通り私たち人間を色々な要素に分け、「年齢」「性別」「居住地」「年収」「職業」といったものと、消費行動のつながりを見出そうとします。しかし、私たちがどのようなモノを買い、サービスを利用するかはこれらのデモグラフィックな要素との関係を持ちません。（デモグラフィックと消費行動が因果関係を持つ数少ない例は、小学校入学のランドセルや成人式の着物です。）そのため、色々なマーケティング活動は成功せず、集めたデータが無駄になるばかりか、データを元に打ち出した戦略も空振りしてしまうことが頻繁に起きているのです。その端的な例が、たびたび出てくるミルクシェイクの事例です。ミルクシェイクの味、量、種類、等々、さらには顧客の年収、性別、身長、体重、年齢、等々の膨大なデータは、「なぜミルクシェイクを買うのか？」という問いに答えることができないのです。

多くのマーケティング担当者が『ジョブ理論』に興味を持ち、活用しようとしているということは、薄々、従来のやり方に限界を感じているからではないでしょうか。新鮮味の少ない企画で顧客に飽きられたり、他社との類似品ばかりで特徴が出せなかったり、といったことが続くと、やがて価格競争という消耗戦が待ちうけています。すでに巻き込まれている企業もたくさん見受けられますが、ジョブ理論を活用し、多くの人に雇ってもらえるようなモノやサービスを生み出す道は残されているのです。

《結局ジョブとは何なのか？》

当たり前のようですが、ジョブ理論を理解するには“ジョブ”とは何かを理解することが大切です。ジョブ理論が日本人にとって難しく感じられるとしたら、この“ジョブ”という言葉が原因かもしれません。というのも、英語圏では“ジョブ”とは何かを説明する必要もないからです。原文のJobはもちろんのこと、Job-to-Be-Doneも日常的な言葉で、概念としてはさほど難しくありません。Jobを英和辞典で調べると、仕事、勤め口、作業、役目などの訳が出てきますが、ジョブ理論での意味としては「仕事」が近く、少し軽めの「やっつけ仕事」や「用事」、「雑用」といったニュアンスがあるととらえるのが良いと思います。一点、注意したいのは、「仕事」といっても、職業のように継続的なものではなく、「ひと仕事が終わった」というように、完了し得るものであることです。「グッジョブ（Good Job!)」と言うときには、何かしらの成果が挙がっているイメージが浮かびますが、そのような「単位を持つ用事」を“ジョブ”ととらえてみてはどうでしょうか。(中国ではジョブは「任務」、『ジョブ理論』は「創新的用途理論」と訳されているようです)

ある特定の状況で人が成し遂げたい進歩を“ジョブ”とクリステンセン教授は定義していますが、その進歩には単位があるのです。したがって、「長生きがしたい」という願望はジョブではありません。もう少し具体的に進歩ができる単位、例えば、風邪の場合の「体のだるさを抑えたい」といった目に見える進歩が何なのかを見つけることが大切なのです。このジョブを見つける「旅」は、容易いようで難しいのかもしれません。ただ、あまり難しくとらえず、素直に人に向き合うことができれば、本質的で理解しやすいはずです。

本書では『ジョブ理論』本編とは多少異なる言葉を使っての説明や、事例を通じてなるべく理解が深まることを目指しています。また、最終章に述べたように、日頃から周囲の人や自分自身に関心を持ち、私たち人間がどのような進歩を望んでいるのか、手に入れることに苦労しているのかを見つめることも、とっても大事なことだと考えています。

《雇うこととクビにすること》

“ジョブ”と同様、馴染みにくいのが、“Hire(雇う)”という言葉です。日本では、雇用が流動化しておらず、ジョブ単位で誰かを雇うという感覚は一般的ではないのかもしれません。ところが、クリステンセン教授が暮らす米国では、文字通りJob-to-Be-Done、つまり「やるべき仕事」があるたびに誰かを雇う(あるいは外注する)ことはよく行われます。ビジネスの世界に限らず、庭の芝刈りや洗車など身の回りの用事があれば、近所の青年をバイトとして雇うということは日常的に行われているのです。製品を“雇う”、あるいは“雇用する”と言うとき、それは「まるでバイトでも雇うように」という意味が込められていることをここで補足しておきます。家のオーナーが芝刈り機を買えば、バイトは不要になります。芝刈り機を買ってもらいたいメーカーにとってみれば、単に芝刈りをする装置ということでは不十分で、バイトをクビにするほどの価値がなくては雇ってはもらえません。

《使える理論にするために》

本書の構成は、『ジョブ理論』とは異なります。『ジョブ理論』が理論をいくつかのナラティブで紹介しているのとは対照的に、なるべくフレームワークを提示し、利用しやすい形にしています。また、『ジョブ理論』や『イノベーションへの解』はもちろんのこと、クリステンセン教授による他の著書や、ジョブ理論を利用している他の書籍なども紹介しながら、なるべく多くの分野で応用できるように心がけました。さらに、実践する上でのコツや、私たちが経験したことも加え、極力使いやすい理論となるようにしています。

ジョブは実に多くの場面で役立ちますが、本書は特に次のような場面で使うことを想定しています。

経営トップ：自社がどのような顧客の課題を解決することを使命とするのか？その使命を見直し、研ぎ澄ますことで、持続的な成長を目指すための問いを立てるため。

経営企画：新たな事業領域となり得る可能性を見つけるため。そのような可能性が継続的に見つかるイノベーティブな組織をつくるため。

研究開発：長期的だが出口の見えない研究と、役に立つけれど短期的な研究の二者択一から脱し、事業に貢献できる研究課題を見つけるため。

商品企画：無難で説明しやすい企画の呪縛から離れ、新たな価値を打ち出す商品やサービスを生み出すため。

マーケティング：データでは見えない本当の顧客を見つめ、伝えるべき価値観を明確にするため。

製品開発：顧客に求められるような製品をつくるために、必要なことと、不必要なことを理解するため。

社内スタートアップ：大企業が本来不得意な、イノベーティブなアイデアを出し、事業を立ち上げるため。

起業家・スタートアップ：限られた時間と資源で世の中に「待ってました！」と言われるサービスや製品をつくるため。

それでは、ジョブ理論を改めて見ていきましょう。

Chapter 1

「ジョブ理論」とは何か？

Chapter 1 「ジョブ理論」とは何か？

『イノベーションのジレンマ』が多くのビジネスマンの心を掴んだのは、企業や技術が盛者必衰であるメカニズムを明快に説明したからではないだろうか。大企業の「衰」を扱う「破壊的イノベーション理論」はあまりに有名だ。一方で、クリステンセン教授が「盛」を扱った「ジョブ理論」はこれから新たな価値を生み出し、イノベーションを起こそうとする者には強力な理論となるはずだ。多くの企業がイノベーションに取り組みつつある今、クリステンセン氏は『ジョブ理論（原題：Competing Against Luck)』を執筆し、ジョブ理論を再整理し、多くのビジネスマンに向けて提示してくれた。

Job to Be Doneが生まれた背景

『イノベーションのジレンマ』を執筆し、一躍有名になったクレイトン・クリステンセン教授は「破壊的イノベーション」という理論を打ち出した。破壊的イノベーションは一般に「大手ができない」「不連続」なイノベーションだと思われがちだが、本質は「既存企業がやりたくない」「価値観を変える」イノベーションと理解するのがよいだろう。既存企業(Incumbent) は、新しい技術に対応する能力がないばかりか、「安く」「魅力的でない顧客向けの」「既存の価値観とは異なる」ビジネスに投資する動機が低くなってしまう。

実は『イノベーションのジレンマ』には、既存企業がベンチャーに負ける根拠が書かれているものの、いったいどのようにしてイノベーションを起こせばよいかは書かれていない。その答えは『イノベーションへの解』を待つことになる。クリステンセン氏の２冊目となる本では“Jobs to Be Done" という言葉を用い、顧客の属性や製品の特徴ではなく「顧客が片づけたい用事」つまり、「ジョブ」が商品を買うか買わないかの決定要因であると発表した。

顧客（個人や企業）の生活にはさまざまな「用事」がしょっちゅう発生し、彼らはとにかくそれを片づけなくてはならない。顧客は用事を片づけなくてはならないことに気付くと、その用事を片づけるために「雇える」製品やサービスがないものかと探し回る。（『イノベーションへの解』P.92）

ジョブ理論の概要についてはまとめると以下のようなものになる。

・顧客にはやるべき「ジョブ」があり、それを解決しようとしたときに特定の製品やサービスを「消費」する
・顧客の置かれた「状況」が何を「消費」するかを左右する
・「ジョブ」には機能的な側面だけでなく、感情的、社会的側面がある
・やるべき「ジョブ」が不十分にしか解決されておらず、よりよい解決策が提示されて、初めて、新しい解決策を採用しようとする
・売り手の「ジョブ」は製品やサービスを売ることだが、顧客の「ジョブ」はそうではないため、ビジネスが失敗しやすい

ジョブ理論というツール

クリステンセン氏はこの頃イノベーションに特化したコンサルティング会社イノサイトを立ち上げる。「理論」とは銘打っているものの、「ジョブ理論」は経営学者が事例を調べた後知恵ではなく、イノサイト社が開発しながら実践してきた使える理論である点が特筆に値する。事実、アレックス・オスターワルダーらの『バリュー・プロポジション・デザイン』(翔泳社)、ビル・オーレット『ビジネス・クリエーション！』（ダイアモ

ンド社)、エヴァン・ルーミスらの『巻き込む力』(翔泳社) といった書籍で紹介されるなど、企業内イノベーションだけでなく起業家がスタートアップを成功させるためにも有益であると認められている。

実用性だけでなく、理論としての客観的な側面も合わせ持つ。ジョブ理論と同様に、潜在的なニーズを見つけ、新たなビジネスチャンスを見出す手段として用いられるエスノグラフィーやデザイン思考などと比較すると明確だ。これらの手法はジョブ理論と対立するというよりも、よい補完関係にある。例えば、エスノグラフィーでは顧客が生活する環境に身を置き、売り手としての“邪念”を抜きに課題を探すことをする。この際、ジョブ理論が提示する観点を導入することで、観察するポイントが絞られ、効果的に課題を発見することにつながる。また、デザイン思考を効果的に行うためには、赤の他人であるユーザーとの共感が必要となるが、ユーザーの置かれた状況とジョブを理解することが、この共感プロセスを容易にすることがわかっている。つまり、エスノグラフィーやデザイン思考といった感性を要するプロセスに、一定の視点をジョブ理論は与えてくれる。

それでは、このジョブ理論が活用できるさまざまな場面をご紹介しよう。

ジョブ理論とリーンスタートアップ

どんなに斬新なものであっても、「ニーズ」がなければイノベーションとは呼べないであろう。だが、イノベーティブであると自称する新製品や新技術は「ニーズ」がなく、失敗に終わる。企業内新規事業やスタートアップが失敗する最大の理由は「ニーズ」をとらえていないビジネスを始めてしまうことにあることが、さまざまな研究でも明らかになっている。ニーズがないとビジネスが成立しないことは誰もが知っているはずである。したがって「ニーズ」は誤った確信を持ちやすいものであり、幻覚であることに気づいてからでは遅すぎるものだと心得た方がよいだろう。そのため、リーンスタートアップという考え方が広まっていることは多くの読者もご存知の通りだ。

ジョブ理論の価値は、幻覚と現実を見分けることを可能にしてくれる点にある。ジョブ理論はニーズ因数分解し、可視化する。実は、筆者のINDEE Japanがジョブ理論を重視する点もここにある。もう少し説明すると、新しい事業の構想段階では顧客ジョブも仮説でしかなく、この点ではニーズと同じである。しかし、ニーズについてはある程度モノをつくり、売り歩いてみないと実体をつかむことができないのに対して、ジョブであればさまざまな形で検証することが可能になるのだ。

顧客に強いジョブがあるということは、ジョブを解決するためにそれなりの行動が伴っているということをジョブ理論は示してくれる。つまり「今、顧客がジョブを解決するために何を行なっているか？」がジョブの存在を示すリトマス紙になる。これが、ニーズが潜在的であっても、ジョブは顕在化する理由である。

加えて、ジョブを抱えたユーザーが、なぜそのような解決方法をとってしまうのか、なぜそのタイミングで解決するのか、どういう状況で解決するのか、を理解すればするほど、優れた解決策（プロダクト）をつくる上でも間違いなく役立つ視点を与えてくれる。商品開発や技術開発といった高コストの活動に着手する以前に、機会の存在を知らせてくれるジョブ理論は、イノベーションに取り組む私たちには不可欠なツールである。

ジョブ理論とビジネスモデル・イノベーション

モノからコト。こう言われて久しい。ほとんどの企業にとって、モノを売ることが目的化している。しかし、顧客にとってはモノを買うことは、ジョブを解決する最初の段階でしかない。実は、ここに多くのビジネスモデル・イノベーションを目指すメーカーにとってのチャンスがある。顧客が製品を買って解決したいジョブが特定できたなら、そのジョブを中心に、モノ以外のコト、つまりサービスを組み合わせることでより大きな価値を提供し、結果として売り上げを高めることができるのだ。もちろん、ここで付け加えるサービスが「余計なお世話」になっていたら、顧客にそっぽを向かれる。顧客にとって「痒いところ」をとらえることが重要だ。しっかりとジョブをとらえてサービスを設計することを行い、ビジネスモデルの変革へと結びつける。

顧客はやりたくない用事には手を出さない(『イノベーションへの解』P.120)

ジョブ理論とマーケティング

新商品開発、つまりプロダクト・イノベーションや新規事業開発（ビジネスモデル・イノベーション）以外の場面でもジョブ理論は有効である。クリステンセン氏が繰り返し語るミルクシェイクの逸話は、既存の商品をもっとたくさん顧客に届ける示唆を与えてくれる（ミルクシェイクの逸話については次章で紹介）。デモグラフィック（人口統計学的）属性でミルクシェイクを購入する顧客を見ていくと、週末も平日も同じ中年男性だが、ミルクシェイクを購入するために解決するジョブはまったく異なる。週末、子供にご褒美のようにあげるミルクシェイクと、朝の通勤時、手持ち無沙汰を解消するミルクシェイクでは「売り込み方」が変わってくる。このようにジョブに直結するように商品を訴求した方が、効果が高いことは理解して頂けるだろう。

ジョブ理論と間接部門

人事や総務、社内 IT 部門など、いわゆる間接部門は、ある程度の規模になればどの企業にもある。そこまで不可欠な業務機能を持ちながら、「間接」という響きとともに軽視されているのではないだろうか。その原因は、これらの間接部門の「機能」は明確になっているにもかかわらず、サポートするべき事業部のジョブが曖昧になっていることにある。企業が成長し、複数の事業部をサポートするようになるにつれて、元の事業から距離ができてしまい、部門が果たす機能が標準化されてしまったという経緯が背景にあることが多い。間接部門を社内サービス部門として見直し、サービスの提供先である事業部のジョブを理解することから業務改革に成功した事例もある。

ジョブ理論と組織改革

間接部門の例と近いが、過度な機能分化や官僚化が進んでしまった企業において、ジョブを新たな軸として組織を改変する例が『Competing Against Luck』で紹介されている。どこの企業にも存在する社内の「壁」を顧客が抱えているジョブの軸に揃えることを行うのだ。各部門の利害よりも顧客のジョブ解決が優先されれば、顧客満足度が高まるだけでなく、「顧客のため」を思って奮起している一部の社員がフラストレーションを感じるという不条理を排除し、組織文化として顧客志向を自然なものとすることが可能になる。

ジョブ理論とブランド構築

クリステンセン氏の最新刊では「目的ブランド」という新しい概念を提唱している。それは、企業のブランドを顧客のジョブと紐づけて印象づけるアプローチのことである。例えば、IKEAというブランドは「家具屋」というありきたりのものではなく、「安くオシャレに住まいを整える」というジョブに関連づけられている。引越しや模様替えをしようと思ったら、私たちはIKEAという選択肢が頭に浮かぶというわけだ。製品群ではなく、顧客ジョブを軸にブランドをつくる方が顧客にはなじみやすい。考えてみれば、企業に対する印象がブランドであるため、直接顧客がやりたいこと、つまりジョブに投影したものにする方が理にかなっていることがわかるだろう。ブランドを、ロゴのデザインや色ではなく、顧客が受け取る印象としてとらえる手助けをジョブ理論はしてくれる。

これまで見てきたように、ジョブ理論は古くて新しい考え方だ。そしてさまざまな応用範囲がある。さらにジョブ理論について理解を深め、この強力なツールを活用できるようにしていこう。

Chapter 2

ミルクシェイクが売れた理由——人が物を買うことは「雇う」ということ

Chapter 2 ミルクシェイクが売れた理由——人が物を買うことは「雇う」ということ

前章はジョブ理論が活用されている様々な場面を述べた。組織やビジネス、商品を、顧客中心としたものに変えていくにはジョブ理論が効果を発揮しそうなことはご理解頂けただろうか。この章では、ジョブ理論が何についての理論なのか解説したい。それは何かと聞かれれば、「ニーズ」だ。

簡単にモノが売れなくなっている時代に住んでいる私たちだからこそ、「ニーズ」という言葉には特別敏感になっているのではないだろうか。しかし「ニーズ」とは何か尋ねると、多くの人は答えに困るようだ。どうやら私たちは、よくわからないまま「ニーズ」というものをビジネスの重要な部品として扱ってしまっている。だがクリステンセン教授の「ジョブ理論」によると、ニーズには「理論」が存在する。

顧客はなぜミルクシェイクを買うのか

とあるファーストフードチェーンからミルクシェイクの売上を伸ばす相談をクリステンセン氏は受けた。その企業は氏に相談する前も、いくつものコンサルティング会社やマーケティング会社に依頼をしていたという。ミルクシェイクについての調査を行い、顧客アンケートを数多く行なった。味についての意見を数多く集め、フレーバーを追加したり、トッピングを加えたりしたが、あまり効果がなかった。あるいは、顧客情報からセグメンテーションを行なって対策しようとしたが、こちらもほとんど成果が出なかったため、クリステンセン氏らに依頼したという。

そこで、クリステンセン氏らは、商品がよく売れる平日の朝に来店客を観察することにした。しばらく観察し続けていると、ある一定のパターンが見えた。ミルクシェイクを買う顧客は一人で入店し、ミルクシェイクだけを買い、車でそのまま走り去るケースが多かったのだ。そのパターンが見えたところで、顧客に「何をするためにミルクシェイクを雇ったのですか？」と尋ねたという。もちろん、ミルクシェイクを「雇う」というのは突飛な質問なので相手も自分の行動を振り返って考えないと答えられない。すると、次のような状況でミルクシェイクを買ったと説明した。

・車での通勤途中である
・一人で毎日運転するのは退屈である
・手持ち無沙汰を解消するためミルクシェイクはぴったりだ
・バナナを食べながら運転したこともあるが、会社に着く前になくなってしまった
・ドーナッツを食べながら運転したこともあるが、手がベタベタするのが気になってふさわしくない
・ミルクシェイクは手も汚れず、長持ちする

顧客の状況から言えることは、「退屈しのぎ」のためにミルクシェイク

を買っているということである。クリステンセン氏の言葉を借りれば、「退屈しのぎ」という「用事＝ジョブ」を片づけるためにミルクシェイクを「雇っている」のだ。

平日の朝だけでなく、休日の日中もミルクシェイクが売れていた。だが、まったく違う人たちが違う理由で買っていたのだ。

> すべての回答をまとめ、客の人物像を分析したところ、新たなことが判明した。ミルクシェイクを買う人たちのあいだに、人口統計学的な共通要素はなかった。（『ジョブ理論』P.33）

具体的にいうと、週末は子供に親が買い与えていたことが判明した。子供を厳しくしつけるだけでなく、たまには優しく接しようと、外出したときくらいは甘いものを買ってあげるのもいいだろう、という理由で父親が買うケースが多かったのだ。つまり、子供が喜ぶことをして「優しい父親の気分を味わう」ジョブを片づけるためにミルクシェイクを購入していた。

ミルクシェイクが雇われた理由

「退屈しのぎ」のミルクシェイクは、通勤のお供としてよりふさわしくなる方向性で改善が考えられる。ボリューム感があり、こってりしていて、味も飽きの来ないものが好まれるだろう。また、通勤時に簡単に買うことのできるブースを設置するのも有効だ。一方で、「優しい父親の気分を味わう」ミルクシェイクはあまり量が多くない方がいい。量だけでなく、甘すぎたり、体に悪そうな味だったりすると、親として子供に与えたくなくなる。

このミルクシェイクの話を聞いて、「ニーズ」に対する見方が変わったのではないだろうか？顧客は同じミルクシェイクを、異なる動機で購入している。この場合、ミルクシェイクには「ニーズ」があると言ってもいいのだろうか。

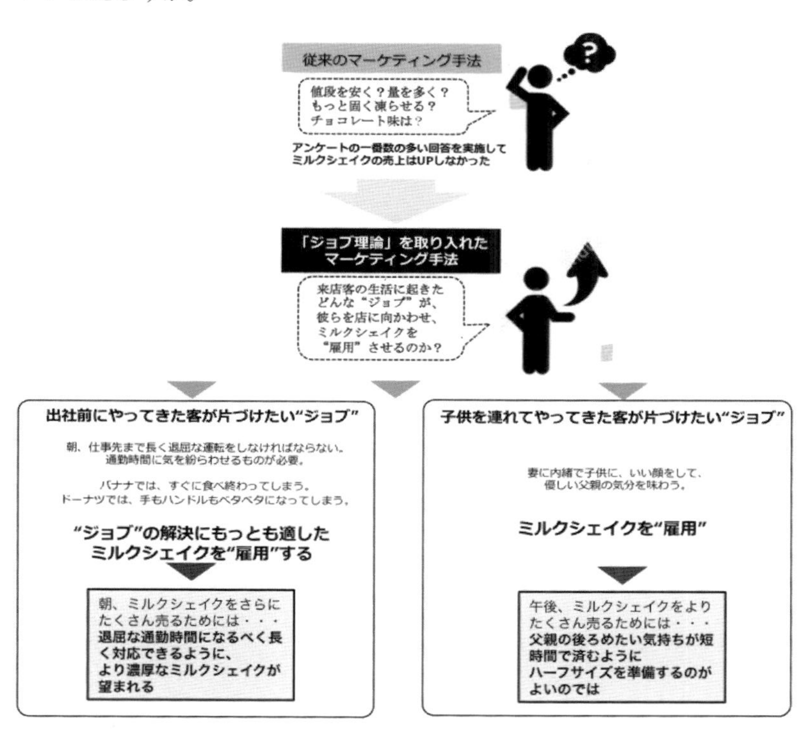

どうすればミルクシェイクがもっと売れるか

「ニーズ」とは何か？

そもそも「ニーズ」とはあまり明確な定義がされていないまま使ってしまう言葉だ。したがって「ニーズがある」と言うときも曖昧になってしまう。実際に「ニーズ」と言うときの意味合いを分析すると、私たちは「顧客が商品に向ける関心や行為などの現象」と定義するのが適しているのではないかと考えている。シンプルに言い換えれば、商品を買ったり買わなかったりという事実だ。なので、ニーズ調査を行うと商品Aに「関心がある」あるいは「欲しい」といったことや、その顧客の年収や居住地を調べることになる。これはこれで、客観的な事実として重視される。

だがミルクシェイクのストーリーで見たように、なぜそうなのか、というメカニズムはニーズを集めてもわからない。したがって、「ニーズのある商品を**増産**する」はできるが、「ニーズのある商品を**開発**する」はできないのだ。

ニーズとジョブの関係は、天気と天気図のようなものだととらえればいいだろう。その場その場での天気はピンポイントに把握することができるが、将来の天気を予測するには天気図の力が必要になる。

顧客のジョブが強い かつ 商品・サービスがジョブを解決する

ニーズがある

顧客に強いジョブがあり、それを解決することができる商品やサービスがあるならば、ニーズは生まれる。逆にジョブが弱かったり、ジョブの解決に不十分だったりすると、あまりニーズは生まれない。

例えばQBハウスという理容店は破壊的イノベーションとして有名だが、「髪を整えたい」というジョブを、シンプルかつ低価格、身近にすることで多くの人のニーズを作り出したと言えるだろう。

また、アマゾンのベゾスがオンラインストアを始める際に扱う商品として書籍を選んだのは、顧客のジョブが強かったためである。専門書などの珍しいタイトルを実店舗で探すのは難しく、強いジョブが存在しているところにどこからでも検索して本を注文できるサービスにはまさしくニーズがあったのだ。

QBハウスもアマゾンも、登場するまではニーズがあったわけではないことに注目して頂きたい。「潜在的ニーズ」とはよく言ったものだが、潜在的なニーズはそのままでは見つけられない。でもジョブなら、いつでも見つけることができる。

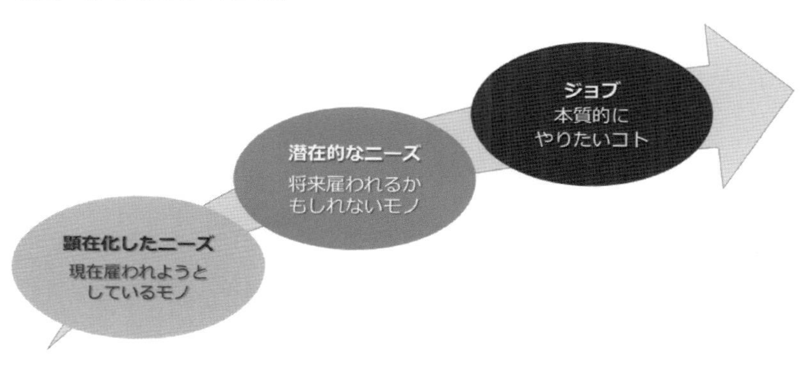

ニーズからジョブへ思考をシフトしていかなければ、顧客の進歩を手助けすることはできない。提供する側にとっても顕在化したニーズにおける競争はレッドオーシャンであり、潜在的なニーズに希望的観測で突き進むのも成功確率が低い。まどろっこしいかもしれないが、旧来の“ニーズありき”の思考から脱却し、ジョブを発見することが明確なニーズを生み出すための近道となる。

ジョブの特徴

ジョブを見つけるにはジョブの特徴を知っておく必要があるだろう。何であれ、見たこともないものを探し出すことには無理がある。さらに言うと、最初は難しくても上達することは可能だ。

まず、「ジョブ」とは“やりたいこと”もしくは（やりたいと思わなかったとしても）“やらなくてはいけないこと”を指す。そのため動詞の形をとる。一つ注意が必要なのは「〜が欲しい」という表現にならないようにすることだ。「〜が欲しい」という表現は売るモノを中心に考えた表現であり、そのモノがなかったら果たして“やりたいこと”と言えないことが多いからだ。ジョブとはそのモノへのニーズが生まれる動機であるということを念頭に顧客が成し遂げたいことを考えたい。これらの説明を最新書で**“ある状況下で人が試みている進歩”**とクリステンセン氏は定義している。

成功するイノベーションは、顧客のなし遂げたい進歩を可能にし、困難を解消し、満たされていない念願を成就する。(『ジョブ理論』P.62)

3種類のジョブ

ジョブには3種類存在する。第一に、機能的ジョブがある。機能的ジョブとは、単純に何かをどうにかしたいというものである。会社まで移動したいとか、空腹を満たしたいなどの明確な機能を果たしたいというジョブを機能的ジョブと呼ぶ。

「退屈をしのぎたい」や「優しい父親の気分を味わう」のように、ジョブには感情的なものも存在する。ミルクシェイクの例では、エネルギーを補給したい、喉を潤したい、といった機能的なジョブばかりに目が行ってしまいがちだが、感情的ジョブが多く存在する。「おしゃれな気分を味わいたい」ためにスターバックスに行くのも感情的なジョブを解決するためである。

人間は社会的な動物である－－誰しも他人の目が気になってしまうものである。このようにして生じる「～に見られたい」という社会的ジョブが3つ目のジョブである。「成功している」とか「センスがよい」と誰しも思われたいし、私たちが身につけているものの多くは、他人にどう見られたいか、という観点で選ばれているものだ。

User Experience / 経験価値

感情的ジョブと社会的ジョブは見落としがちだ。私たちは消費者としては、気分や周りの目に左右されることを知っているにもかかわらず、売り手になると機能的な側面ばかりを気にしてしまう。機能や品質、細かな設計の違いなど、提供側の論理ばかりに目がいってしまいがちだ。

しかも、私たちの暮らす先進国では、ほとんどの機能的ジョブはほぼ解決されている。そのため、機能的ジョブを単に解決するだけでなく、感情的ジョブや社会的ジョブも同時に解決する製品やサービスが求められているのだ。

経験価値が注目されて久しいが、顧客が感じたいことやどう見られたいかがその本質である。「経験価値」や「UX」を生み出せるかどうかも、ジョブの捉え方にかかっているのだ。

【Column】

ミルクシェイクストーリー

調査チームはある日、店頭に18時間立って客を観察した。

ミルクシェイクを買う時間帯は？　来店時はひとりか？　ほかの品もいっしょに購入したか？　店内で飲むのか？　テイクアウトか？

観察してわかったのは、午前9時まえにひとりでやってきた客に売れるミルクシェイクが驚くほど多かったことだ。購入客のほとんどがミルクシェイクだけを買い、店内では飲まず、車で走り去っていた。チームは客に尋ねてみた。「すみません、ちょっと教えてください。どういう目的（ジョブ）のためにこの店に来てミルクシェイクを買ったのですか？」

はじめのうち、客たちは質問にとまどっていた。そこで、ミルクシェイクでなければほかに何を買うつもりかを訊くことにした。すぐ明らかになったのは、早朝の顧客は誰もが同じジョブを抱えていたということだった――「仕事先まで、長く退屈な運転をしなければならない」。だから、通勤時間に気を紛らわせるものがほしい。しかも、いまはまだ腹はすいていないが、あと1、2時間もすれば、そうなることがわかっている。このジョブを片づけられるライバルはたくさんいても、完璧にこなせるものは他になかった。（『ジョブ理論』P.32）

Chapter 3

床屋のイノベーションから「ジョブを見極める要素」を理解する

Chapter 3 床屋のイノベーションから「ジョブを見極める要素」を理解する

クリステンセン氏の定義によると、ジョブとは“ある状況下で人が試みている進歩”、シンプルに言うと“やりたいこと”や“やらなければいけないこと”であることを前章で述べた。ジョブ理論を役に立てるには、その特徴をもう少し理解しておきたい。さらにジョブを4つの要素へと分解してみよう。その4つの要素とは、**ジョブ（Job）・目的（Objective）・障害（Barriers）・代替解決策（Solutions）**である。4要素のうち、本章では「おもてなし」を捨て「身だしなみ」に特化したことで理容業界にイノベーションを起こしたQBハウスの例を用いてジョブとその目的について解説する。

ジョブを見極める4つの要素

ジョブとは顧客が「やらないといけない」ことや「やりたい」ことなのだが、その顧客が置かれた状況がジョブに強い影響を与え、ジョブの強さを左右する。そのため、顧客のジョブを理解するには単に「ジョブ」だけでなく、その「目的」やジョブを妨げる「障害」、現状の解決策である「代替解決策」という4つの要素を把握しておきたい。4要素のうち、最初の2つはあまり状況に依存しない。人が本来やりたいことはさほど変わらないからだ。変わらないものだが、人のやりたいことは複雑で見えにくい側面もある。また、気持ちの問題や周りの目を気にして「やりたいこと」が変わることもある。「障害」と「代替解決策」の2つは顧客の置かれた状況そのものと言っても構わない。どのようなシチュエーションでジョブが発生したり、強くなったりするかを説明する因子である。

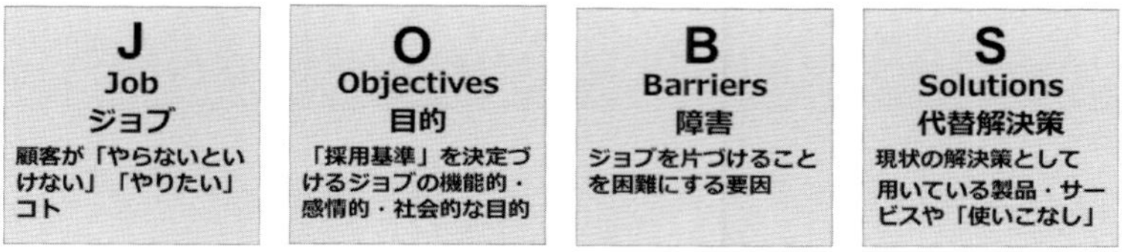

J	O	B	S
Job	Objectives	Barriers	Solutions
ジョブ	目的	障害	代替解決策
顧客が「やらないといけない」「やりたい」コト	「採用基準」を決定づけるジョブの機能的・感情的・社会的な目的	ジョブを片づけることを困難にする要因	現状の解決策として用いている製品・サービスや「使いこなし」

JOBS　(ジョブ／目的／障害／代替解決策)

ジョブにも目的がある

通勤客にとって、ミルクシェイクは退屈しのぎであり、父親にとって、ミルクシェイクは親としての気分を味わうために雇われていた。さらにジョブの目的も考えてみたい。なぜ通勤客は退屈しのぎをしたいのだろうか？

退屈が嫌な理由なんていらない。なぜなら気持ちの問題だからだ、との反論をされるかもしれないが、実は的を射た反論である。感情的なジョブを解決するには、感情が満たされないといけないのだ。「楽しく」とか「ワクワク」、あるいは「興味深く」などと、喜怒哀楽につながるような解決策が求められている。ジョブの目的をとらえる意義は、ジョブの解決策と強く結びついている。

例えばクルマの解決するジョブを考えてみよう。すると、機能的ジョブとして、単に「移動したい」というものや、感情的ジョブとして「爽快感を味わいたい」、社会的ジョブとして「センスがいい」と思われたい、といったものが挙げられる。

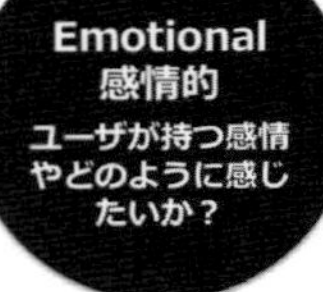

3種類のJOB

人の「移動したい」というジョブを解決する際には、自家用車以外にもタクシーや公共の交通機関などと比較した上で本人にとってベストな解決策を選ぶことになる。「爽快感を味わいたい」というジョブの解決には、タクシーは選ばれることはないが、バイクやジェットスキーなどは候補になるであろう。つまり、機能的なジョブは他の機能的な解決手段と、感情的なジョブは他の感情的な解決手段と「競合」する。競合する手段よりも優れていないと、人は新たな解決方法を選ばない。ジョブ理論の発展に貢献した“JOBS TO BE DONE”の著者アルウィック氏によると、既存の解決方法よりも少なくとも20%以上優れていないと顧客に見向きもされないという。ピーター・ティール氏に至っては改善の度合いが10倍以上であることが大切だという。どのような新しいアイデアも既存の解決策よりも著しく優れたものにすることを心得たい。

機能・感情・社会という3種類のジョブは、ジョブの目的に応じた分類である。機能的ジョブは「どう為し遂げるか」という観点で顧客に評価され、感情的ジョブは「どう感じるか」、社会的ジョブは「どう見られるか」で評価される。ジョブの目的を理解することで、競合する解決手段の問題点や優劣を把握することができる。

QBハウスの破壊的イノベーション

QBハウスが登場する前の床屋事情を覚えているだろうか。男性は理容店に入り、約1時間と4000円を費やし、身だしなみを整えてもらっていた。当時の理容店は髪の毛を整えてくれるだけでなく、熱いタオルで毛穴を広げ、ヒゲも念入りにした上に、マッサージを受けるなど「気持ちよく」過ごすことができた。髪型にこだわりのある男性は美容室に行き、最新のトレンドにあったオシャレな髪型にしてもらっていた。美容室に行く場合も最低4000円位は覚悟する必要があった。その現状を破壊したのがQBハウスである。10分と1000円で「身だしなみを整える」というジョブの解決を提供しはじめたのだ。

QBハウスが解決するジョブは極めて機能的なものである。無機質と呼んでもいいかもしれない。気持ちの良いマッサージもない上に、オシャレな雰囲気に仕立ててくれるわけでなく、過不足がないサービスを提供する。現在QBハウスを利用している顧客は、機能的なジョブしかなかったのにもかかわらず、感情的・社会的なサービスのために余分な費用を支払うことを強いられていたと考えられないだろうか。「気持ちよく過ごす」とか「オシャレな髪型にする」といったジョブを持たない顧客にとってみれば、「身だしなみを整える」ジョブを4分の1の価格と、6分の1の時間で解決することができるようになったのだ。QBハウスは、機能と価格を削ぎ落としたシンプルなサービスであるという結果ばかりが注目されるが、実は機能的ジョブしか持たない顧客にとって過剰なサービスが提供されていたという点が根底にある。つまり破壊的な価格を実現したのだが、本質的に顧客が求めていることには確実に応えている。マッサージやスタイリングなどの余計なサービスをマイナスしているのとは対照的に、“ついで”に立ち寄れる立地や短時間でカットが済むようにしたり、待ち時間が一目瞭然になっていたりする点については一般的な理容店よりもプラスのサービスを提供している。

QBハウスの例に見るように、「おもてなし」も顧客が求めていなければ“ありがた迷惑”になりかねないので注意が必要だ。サービス業だからといって、いわゆる「サービス」を顧客は求めていないことがしばしばある。どのようなジョブをなぜ、片づけたいのかを把握したい。

インバウンドの旅行客に対して一律で「おもてなし」を提供する違和感もここにある。「旅行」は異国や異文化のことを知りたかったり、非日常を味わいたかったり、休息したいといったジョブに対して雇われることが多いことを考えると、「おもてなし」が不適切な場面があることはQBハウスの例を見てもわかるはずだ。

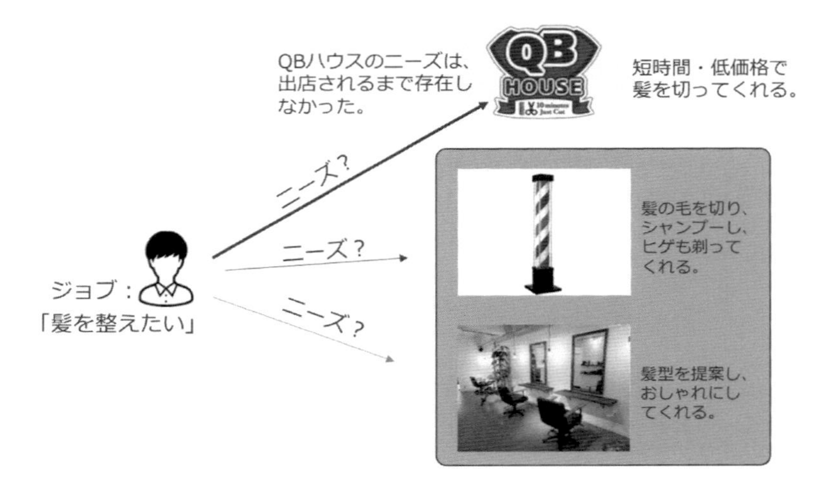

ジョブを階層づけて把握する「ジョブツリー」

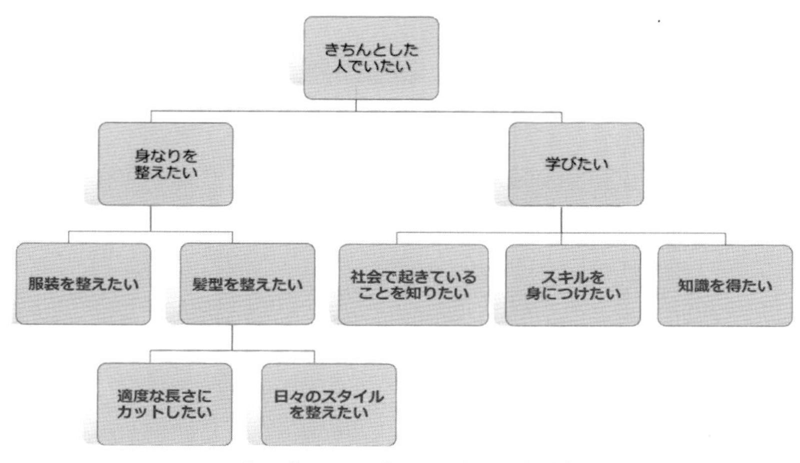

ジョブツリー（QB ハウスの場合）

ジョブに目的があるように、ジョブには階層がある。これを記述するとツリーのようになることから「ジョブツリー」と呼ぶ。ジョブツリーに記載されるそれぞれのジョブはまさしく人が「進歩」したいことになっている。

ジョブの最上位にあるのは、「きちんとした人でいたい」というような、誰もがいつでも、あらゆる状況において普遍的に持つ欲求となる。だが、実際に人が片づけようとするような具体的な事柄として、「髪をカットしたい」という粒度のものも存在する。このように様々な粒度があるため、実際にジョブ理論を活用しようとすると、どの階層を対象にするべきか戸惑うかもしれない。上位のジョブは、普遍的であり市場が大きそうに感じるが、一般論すぎる欠点もある。下位のジョブを対象にすると、具体的でピンポイントに解決できそうだが市場は限られているように感じるだろう。果たしてどの粗さで顧客のジョブを定義するのが適切なのだろうか。前述したように既存の解決策と比較して「顕著に優れた」解決策を提供するには、現状の満足度が低いジョブにまで具体化したい。

一つに絞る前に、まずはどのようなジョブがあるのか、一通りジョブツリーを書いてみるのがよい。ジョブツリーを書いていると、解決策が存在していないジョブが見つかることもある。

顧客がたんに望む商品だけでなく、高い金を払ってでもほしがる商品を生み出すために、ジョブ理論には構築すべき複数のレイヤーがある。(『ジョブ理論』P.46)

しかし、ジョブツリーを書いていると上位の普遍的なジョブを細かく、具体的にしていくには顧客が置かれている「状況」を把握しないと書けないことに気づくはずだ。例えば、QBハウスで「髪型を整えたい」というジョブは、男性が短髪であったり、忙しいビジネスマンとして身だしなみを整えることが困難であったりする状況が強く関連している。週末のミルクシェイクも、子供の年齢や父親としての育児の役割分担といった状況次第でジョブが発生し、その切実さも変わってくる。

ジョブが発生する状況をとらえるには、ジョブを片づける上での「障害」と、現状どのようにジョブを解決しているかという「代替解決策」とを把握することが重要となる。

Chapter 4

なぜ顧客はあなたの商品を「雇わない」のか

Chapter 4 なぜ顧客はあなたの商品を「雇わない」のか

本章のテーマは、4要素のうちの障害（Barriers）・代替解決策（Solutions）である。この二つは顧客が意識できていないことであり、未解決ジョブを発見する鍵となりうる。

スティーブ・ジョブズがマーケティング調査を行なわなかった理由

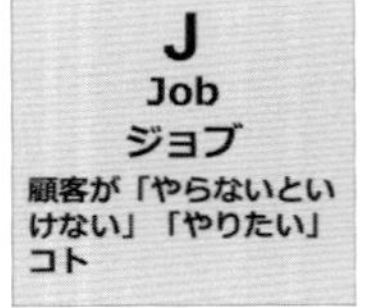

O
Objectives
目的
「採用基準」を決定づけるジョブの機能的・感情的・社会的な目的

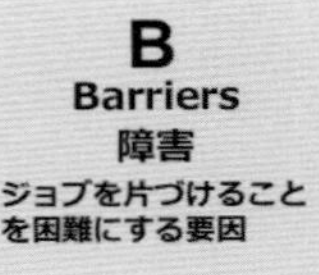

S
Solutions
代替解決策
現状の解決策として用いている製品・サービスや「使いこなし」

JOBS（ジョブ／目的／障害／代替解決策）

ジョブの4要素のうち、「ジョブ（Job）」と「目的（Objective）」はいわば顧客も意識していることで、希望を聞いていけばいつかは辿り着ける。それは、インタビュースキルが備わっていて、相手が本音を語ってくれることが前提ではあるが、ジョブはある程度自覚されている。少なくとも切実でビジネスにつながる可能性のあるジョブは自覚されている。

つまり、「何がしたいのですか？」「もっとどうなったらいいですか？」「なにを目指していますか？」こういった質問を投げかければ、本人がなしとげたいジョブや目指している進歩を知ることはできるだろう。しかし、これだけでは不十分である。

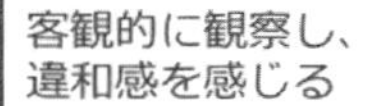

顧客の
ジョブ

顧客の状況を理解し共感する

顧客の状況を理解しジョブをとらえ、なしとげようとしている進歩に共感した後は、顧客が実際にやっていることを客観的に観察し、違和感を探す。違和感とはジョブとその目的から見たときに、現状のジョブの解決策に対して解決策を提供する側が感じるものだ。これを持てるかどうかが、その先で価値あるビジネス機会を発見できるか否かを左右する。

スティーブ・ジョブズ

スティーブ・ジョブズは「人は形にして見せて貰うまで自分は何が欲しいのかわからないものだ」と断言し、マーケティング調査を実施しないことで有名だった。

また、初めて自動車の量産に成功したヘンリー・フォードは「もし顧客に、彼らの望むものを聞いていたら、彼らは『もっと速い馬が欲しい』と答えていただろう」と言ったという。

つまりジョブズもフォードも、顧客が欲しいものを知っていたのだ。ジョブを構成する4要素のうち、「障害」と「代替解決策」は、ジョブズやフォードが持っている視点になる。

ジョブだけでなく、さらに顧客がやりたいことをとりまく状況を客観的にとらえ、適切な解決策を提供していくかがとても重要なステップになる。

ジョブは作り出すのではなく、見つけ出すものだ。(『ジョブ理論』P.72)

ヘンリー・フォード

フォードの例で考えると、「もっと速く移動したい」というジョブは、長い間変化しない、普遍的なものである。単に速いだけの移動手段ならば、鉄道もあるし、それこそ競走馬のように速い馬も存在した。また、自動車はすでに存在していた。ただ、フォードが連続生産ラインを発明する前のものはとても高価で、ほとんどの人には手が出ないものであった。

高価な自動車に加え、人々が移動手段である馬の世話をし続けている状況を観察したフォードは、大きなビジネスチャンスと見たのである。このような状況から、フォードは何を「発見」したのだろうか。

代替解決策―Solutions

ジョブ理論と通常のマーケティング調査ともっとも異なる視点はこの「代替解決策」という点にある。ジョブを解決するために現在行なっていることを、理想的な解決策ではなく「代替解決策」だと見なすのだ。馬を移動手段として人々が使っている現状を見て、一般的な調査なら馬に「ニーズ」があるととらえがちだが、あくまでも現実的な“やりくり”だという見方をしてみてはどうだろう。すると、「速い」馬を所有するための餌やりや糞の処理など、とても面倒な手間をかけていることが目に入ってくる。今でこそ馬を家で飼うなんてとんでもない手間だと誰もが感じるものだが、その時代では「当たり前」かつ「必要」な作業として見過ごされてしまうことである。だからこそ「潜在的」だという言われ方もするのだ。

代替解決策には何らかの不満が残る。手間が多いケースもあるし、出来栄えがイマイチなこともある。感情的なジョブなら、「楽しくない」とか「退屈だ」というような側面も生じるだろう。そこを何とかしようとしている人がいるなら、大きなチャンスである。「わざわざ」何かをしようとしているなら、そのジョブを「片づける」動機は強く、より優れた解決策には価値が生じるだろう。

自動車や馬といった解決手段を離れ、移動したいというジョブを考えた時、より理想的な解決が見出させることもある。このように現状の解決策としての「代替解決策」という4つの要素を把握しておきたい。

ハックとジュガード

多くの優秀な技術者は、面倒な作業があると、やりくりをして自動化したり省力化したりする。工具のカスタマイズや、動線の工夫、自動化のアプリやツールなどは、エンジニアが自ら仕事を「ハック」したと言い、その工夫を称え合う。仕事、つまりジョブを成し遂げるためにできる工夫はまさに代替解決策である。多くの人が同じようにハックしているようなら、その解決策は製品化したとしても売れる可能性は高い。

同じような工夫を指す言葉に「ジュガード」というインドの言葉がある。「リバース・イノベーション」という言葉が一時期流行ったが、インドなどの発展途上国ではモノが少なく、経済的な制約も多いので、こうしたやりくりが頻繁に行われている。

例えば、ラッシーを作るには、ミキサーが必要になるのだが、大量に作る場面では電気洗濯機を用いる人もいる。あるいは、私たちの感覚では乗用車でないと乗りきれない4人家族も、乗り方や荷台を工夫してバイクで移動している。発展途上国での生活者は必然的にさまざまな制約の中で、何とか工夫を重ねてやりたいことを成し遂げている。

このようなジュガードから製品開発のアイデアを得て、先進国に逆輸入することをビジャイ・ゴビンダラジャンは「リバース・イノベーション」と呼んだ。厳しい制約のある環境で工夫する人々のアイデアは、ジョブの面でも強く、解決策としても安価でシンプルになることを利用している戦略である。

障害―Barriers

ハックやジュガードもそうだが、はたから見ていると「そんな回りくどいことやらなくてもいいのに…」と感じるシチュエーションがある。「アレを使った方がいい」とか、「もっとこうするとイイよ」とか、「X社じゃなくてアノ会社のサービスが便利」とかアドバイスをしたことはないだろうか。より良い解決策が存在するにも関わらず、顧客やユーザーはそのことを知らなかったり、使えなかったり、高価すぎて敬遠していたり、時間がかかるので避けられていたりする。「より良い解決策があるにも関わらず、それを採用していないのはなぜなのか？」という問いの答えが「障害」である。その障害を取り除いたとしたら、きっとより良いジョブの解決策を選べるだろうというものを特定するのだ。障害を考えやすくする4つの切り口は「金銭」「アクセス」「時間」「能力」である。

普及テクノロジーは「身近さ」を提供する

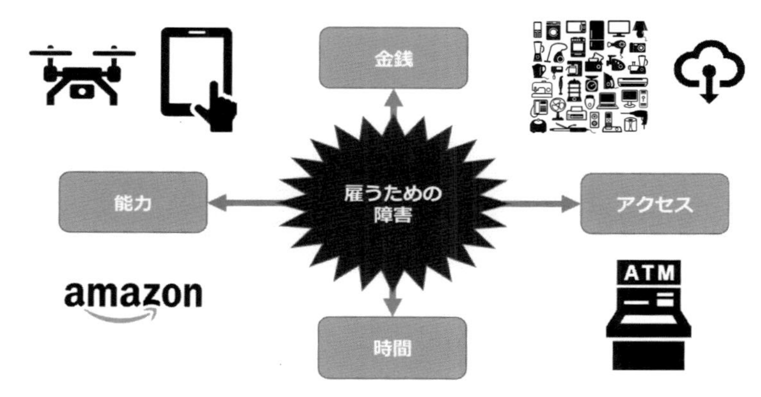

ジョブ解決の４つの領域

考えてみると、普及したテクノロジーというのは4つの観点でジョブ解決を手助けしてくれている。1つ目の障害は金銭的なもの、つまり価格である。低価格化によって身近になったテクノロジーは多い。日本の高度成長期を代表する家電製品は、国産メーカーが生産に乗り出し、低価格化を実現したことで庶民が買えるようになった。また、米国に進出した自動車メーカーが販売したクルマは、当時のアメ車よりも安く、それまでクルマを買うことができなかったような学生や低所得者が買えるようになった。

2つ目はアクセスである。家電もクルマも、アクセス面の障害を取り除いたとも言える。近くに店もなく、情報もなければ、消費者はどうやって手に入れればいいのだろう。最近では、セブン銀行に代表されるコンビニATMは、生活動線上にATMがあることでアクセシビリティを劇的に高めた好例である。

3つ目の障害は、時間の制約である。顧客の時間を奪うことや、開店時間を待たせるなど、時間を選ばせるようなことも障害にあたる。短時間で済んだり、提供時間を24時間化したりすることで消費者にはより身近なジョブ解決を提供することができる。

4点目は能力である。顧客にとって難しかったり、難しいと感じたりするような要因があるため、ジョブの解決が不十分になることを指している。最近でこそUIの重要性が認知されつつあるが、顧客の能力に関する障害はとらえにくい。作り手には使い手にも同じくらいの前提知識やスキルがあるものだという思い込みや前提があることも多い。また、既存顧客なら慣れ親しんでいて満足しているので、新しい顧客にとっては不便極まりないことに気づかないケースもよくある。iPadのタッチパネルが登場したことで、インターネットに触れたことのない高齢者にも電子メールなどが身近になった事例は能力の障害を取り除いたことによる成功例と言えるだろう。

デザインの重要性：アフォーダンスとは

「金銭」「アクセス」「時間」「能力」のハードルを下げることは、要するに顧客にとって「身近」なものを提供することである。英語では「アフォーダブル（Affordable）にする」という言い方をする。日常会話ではアフォーダブルには「手頃な価格」という金銭面を指すことが多いが、もっと広がりのある言葉である。デザインの領域において、ユーザーに考えさせることなく商品を取り扱うことのできる性質のことをアフォーダンス（Affordance）と呼び、デザイン性の非常に重要な概念となっているのはこのためである。「アフォーダンス」を提供する4つの切り口を意識してヒット商品のデザインを眺めてみると、今までとは違ってモノが見えてくるはずだ。カタカナの「デザイン」はモノの表面的な意匠のことを指しているようなニュアンスがあるが、本来のDesignは設計という意味も持つ幅広い概念である。

ジョブを解決しようとするユーザーにとっての障害を取り除くことを念頭に置けば、果たして見た目以外にも見直すべき点があるかどうか見えてくるのではないだろうか。特に、金銭的な障害にばかり注力し、低価格化したくないのであれば、他の3つの障害を取り除く方法を追求するのは必然である。デザイン性を高めることはコストアップにつながるとしか思っていないのなら、使い易さを高めることは価格を下げるのと同様にアフォーダンスを高めると考えを改めたい。

デザイン思考という手法は、優れたデザイナーの常套手段である「ジョブをとらえ、その障害を取り除く」プロセスから生まれている。デザイン思考がとらえどころのないプロセスだと感じるのなら、ジョブには機能的、感情的、社会的なものがあることと、障害には金銭、アクセス、時間、能力の4つがあるという枠組みを利用してみてはどうだろうか。

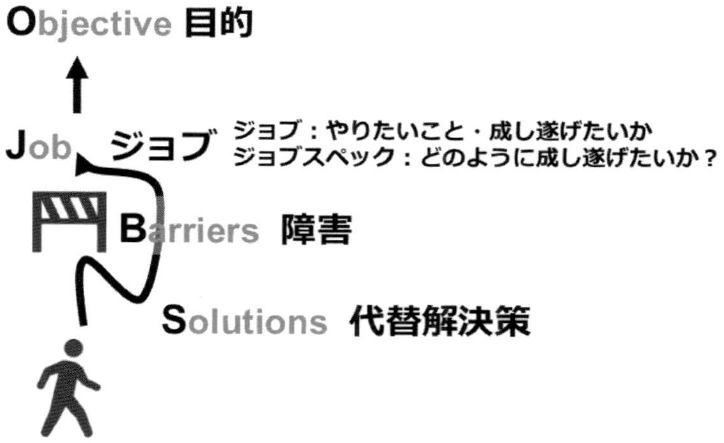

J-O-B-Sの関係

【Column】

ユーチューブでクリステンセン教授の講義を聴こう

YouTubeにはクリステンセン教授のセミナーが数多くあがっているので英語の勉強も兼ねてご視聴されたい。お薦めは「ミルクシェイクストーリー」を解説した以下の動画だ。

https://youtu.be/m3mVM_koAio

Chapter 5

B2Bにおけるジョブ理論

Chapter 5 B2Bにおけるジョブ理論

ジョブ理論を一通り理解すると、消費者向け（B2C）と法人向け（B2B）とでは異なる点が多いのではないかという疑問を持つ方が多いようだ。ジョブは消費者のみが持つもので、法人には使えなさそうだと感じられるようだが、そのようなことはない。B2BとB2Cとでは違いもあるが、顧客が製品やサービスを「雇う」という点では同じである。本章では、B2Bのビジネスにおいてジョブ理論をどのように応用していけばよいかを解説しよう。

B2BとB2Cの違い

まず、B2BビジネスとB2Cビジネスの違いを挙げる。

	B2C（一般消費者向け）	B2（法人向け）
価格	低価格	高価格なものも
利用者	限定的	会社で利用
利用期間	（一般的に）短い	（一般的に）長い
営業・購買プロセス	シンプル・短時間	複雑・長期間
購入基準	比較的単純	複雑
スイッチングコスト	低い	高い

B2CビジネスとB2Bビジネスの違い

傾向としてB2Bのビジネスの方が商品は大規模で、取引額も大きく、長期間の契約であることが多い。また、購入されるまでの過程は複雑で、数多くの部署や責任者の承認を経て、やっと契約が決まったりする。製品やサービスが納入された後も、数多くの人が利用するのが一般的な

B2Bビジネスである。そのため、一度購入したサービスや製品を切り替えるスイッチングコストも高くなる。一度決めた取引業社を変更するのは、売り手にとっても買い手にとっても大変だ。

例外もある。B2Cビジネスのなかでも、家やクルマの場合は、高価格であり、家族数名で長期間利用し、実際に決まるまで色々な相談や議論が行われる。逆に、法人向けといっても個人事業のような小規模企業が購入するようなものは、まるでB2Cと同じような性質を持つ。

つまり「利用者」の人数が多いと、B2Bビジネスとしての性質が強くなり、少ないとB2Cに近くなる。これはジョブの観点で見れば明確だ。企業は、人の集まりであり、組織の集まりである。それぞれの人は別々のジョブを片づけようとしており、組織にはそれぞれの仕事（ジョブ）が紐づけられている。組織で購入される製品は、組織上のジョブを解決し、組織のメンバーのジョブをも解決することが求められるため、複雑になる。複雑な製品は高価になり、製品を説明するのも時間がかかり、買い手が合意するのにも時間がかかってしまう。一度合意を取って購入した製品は、ちょっとくらい良いものが登場したとしても置き換えが困難である。

もちろん、専門家は、企業に対して販売することが複雑な作業であることを指摘するだろう。多くの承認プロセスがあるし、システムも複雑である。潜在的な企業顧客についての理解を深めるためには、その複雑なシステムを注意深く観察することが必要だ。購買者、購買決定に影響を与える人、そして、最終的な意思決定者を理解する必要がある。このネットワーク内の担当者のそれぞれが「片づけるべき用事」をもっている可能性が高い。(『イノベーションへの解　実践編』P.156)

企業のジョブとは？

対法人ビジネスには多くの人が意思決定に関与しているが、まずは代表するその法人のジョブである。The business of business is businessと昔から言われているように、企業の主なジョブは利益を追求することになる。売上を増やすこととコストを下げることは常にジョブとして存在すると考えてよいだろう。複雑に見えるB2Bビジネスも基本的に解決したいジョブは、このようなシンプルなものだ。

収益をあげること以外にも、収益を失うリスクを削減したり、効率を高めたりといったジョブも日常的に存在する。訴訟リスクを減らすために弁護士を雇うことは、文字通りジョブのためにサービスを雇っている例だ。

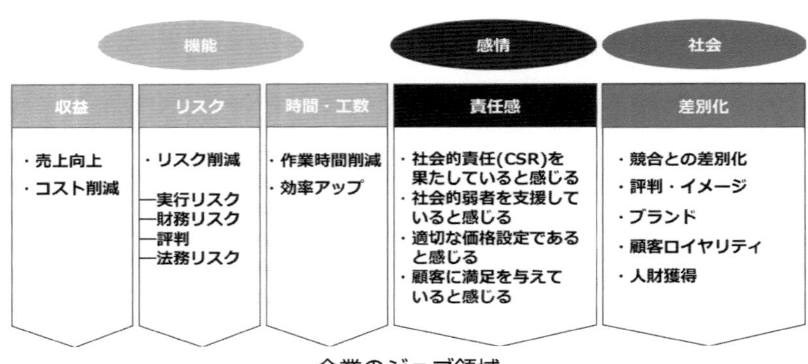

企業のジョブ領域

人のジョブに機能的・感情的・社会的なものがあるように、企業にもそのような側面はある。例えば「イメージづくり」や「社会的責任を果たす」とか「愛社精神を高める」といったものが挙げられる。特に公共性の高い企業では、顕著に表れているジョブなのではないだろうか。

ジョブの重要性は“予算”で測られる

企業や組織が何かを成し遂げたいという意志は、「戦略」「方針」「ミッション」などに表れてくる。だが、もっとはっきりしているのは「予算」という形で表れたときだ。

販売数を増やしたいという意思があればマーケティング予算が割り振られたり、採用を増やしたければ採用予算が与えられたりする。金額上の予算でなくとも、配置される人員など他のリソースで表現されることもあるだろう。「ウチは福利厚生に力を入れています」と言いながら、予算もない、担当者もいないという状態なら、誰でも「本当に力を入れているのか？」と、その言葉を疑うのではないだろうか。つまり、「戦略」や「方針」といった言葉が定性的にジョブを表現しているとすると、ジョブの重要性を定量的に表現しているのが「予算」である。このことに注目すると、企業のジョブをさらに紐解ける。

予算が大きく割り当てられているなら、その予算はとても重要なジョブを解決するためのものである。昨年度よりも予算が引き上げられたなら、重要性が増したということだし、逆に減っていればジョブが解決されたか重要性が下がったということであろう。

さらに、その予算を使って、過去に何が行われてきたのかもチェックしておきたい。その組織がジョブを解決するために、どのようなアプローチを取っていて、どのような不満が残っているのだろうか。現在行なっていることは、理想の解決策ではなく“やりくり”した「代替解決策」であることは以前記した通りだ。現状の“やりくり”よりも、優れた解決策を提供することができれば、ビジネスチャンスとなる。

DropboxとBoxのジョブは何が違うのか？

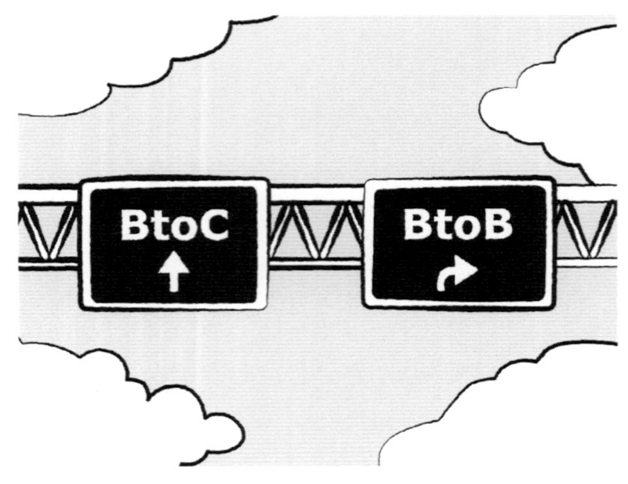

具体的な例を挙げていこう。DropboxとBoxはいずれも同時期に登場し、似たようなクラウドストレージを提供している企業である。いずれも「人と手軽にデータを共有したい」というジョブを解決することで成長したが、そのアプローチは若干異なる。Dropboxは今となっては法人もターゲットにしているが、当初スタートアップやフリーランスといった個人に近い小規模な事業をターゲットにしていた。組織を超えて同じプロジェクトで働く人をメールで招待するだけで、共有のクラウドストレージがセットアップできる手軽さでユーザーを急速に獲得した。一方のBoxはもう少し大きな企業の管理者に向け「データ共有用のストレージの管理を手軽にする」という価値を打ち出している。ここで注意したいのが、「ストレージの管理をする」というジョブは、IT管理部門が持つジョブであり、各ユーザーのジョブではない点である。そのため、BoxはIT管理者向けにマーケティングや営業活動を行っており、Dropboxと比べると個人レベルでは気軽に使いにくい反面、グループ管理やセキュリティの機能を充実させている。「データ共有をする」ことと、「データ共有システムの管理」は、似て非なるジョブであり、その解決策を提示

していくには異なるアプローチになるのだ。Dropboxは同期スピードがとても早いことに驚くが、これも「共有する」というジョブにとっては重要なスペックである。一方で、Boxは管理画面がとても使いやすい。同期スピードはDropboxに追いつかないが、管理者にとっては管理画面の使いやすさは重要なスペックである。ちなみに、このようにジョブの解決の度合いを示す性能をジョブスペックと呼び、後ほど詳しく解説する。

B2Bビジネスのステークホルダー

程度の差はあるが、B2Bビジネスはステークホルダーが多く、比較的複雑であることは前述した通りだ。そしてそのステークホルダーが多いほど複雑さは増す。各種のステークホルダーを以下の4分類に整理することで紐解いてみよう。

・ユーザー　　直接製品を使う人
・受益者　　製品から便益を得る人
・テクニカルバイヤー　　商品選定をする人
・エコノミックバイヤー　支払いをする人

例えば、オフィスプリンタのユーザーは、印刷を行う従業員である。また、その従業員は受益者を兼ねることも多い。もし自分では印刷作業をせずに、秘書に資料の印刷を求める人がいたら、ユーザーではないが、受益者となる。テクニカルバイヤーは、どのプリンタが適しているかを助言し、技術的な評価を行い、エコノミックバイヤーは予算を持ち支払いの手続きを行う、表面上の「顧客」である。エコノミックバイヤーは予算を持つため、課長や部長といった肩書きがついていることが多い。オフィスプリンタの場合には、会社によっては購買部長であったり、総務部長であったり、各部門がそれぞれの予算で購入することもあるだろう。Box と Dropbox のように、どのジョブの解決に注力するかに応じて、アプローチする相手を適宜変えたいところだ。

4種類のステークホルダーは兼務していることもあるので注意したい。小さな企業であればすべての役割を一人で担っていることも多いだろう。逆に大企業であれば、テクニカルバイヤーは複数の人が協力し、委員会のような形で合意を取るケースもあるのでさらに複雑になる。一般に、課長、部長、事業部長と上の階層にいけばいくほど決済金額は上がっていく。そのため、製品価格が数億円するようなものであれば、経営レベルのジョブを解決しなければ取り合ってくれないだろう。逆に、金額の安いものは実務レベルのジョブを解決することで、決裁権者の関心を引き、一般に意思決定も早い。

つまり B2B ビジネスを成功させようとすると、複数のジョブを解決する必要がある。重要な順に挙げていこう。

・組織のジョブ　企業戦略や組織のミッションに関連する課題
・エコノミックバイヤーのジョブ　上記ジョブの責任者（であることが多い）の個人的なジョブ
・テクニカルバイヤーのジョブ　エコノミックバイヤーを技術面で補佐する人の個人的ジョブ
・受益者のジョブ　製品のアウトプットを受け取る人たちのジョブ
・ユーザーのジョブ　製品操作上のジョブ

ここで挙げた個人的なジョブには、「いい仕事をしたい」「社内で評価されたい」「もめたくない」といったものがある。このようなジョブは組織や戦略に関わらず、ビジネスマン個人が持つものなので、個別にジョブをとらえる必要がある。

クルマを買う時の「家族会議」はB2Bっぽい？

これまでみてきたように、B2Cの商品のなかでもB2B的な性質を帯びているものはいくつかある。例えばファミリーカーを買うときと、自分専用のクルマを買うときとでは選び方は異なるはずだ。このようなときに行われる「家族会議」とはよく言ったもので、会社で行われているような会議を家庭で経験されている方も多いのではないだろうか。家族内でも意見を交換したり、選択基準がすり合わされたり、予算の合意を取る話し合いが行われながらことが決まっていくのは企業内と同じだ。声の大きい人に左右され、合意がとれず延々と話し合いだけが行われるような非効率も同様に起きているのではないだろうか。

クルマ好きなパパと専業主婦のママ、小学生の男女がいるような4人家族を想定してみよう。独身時代であれば「カッコよく見られたい」「デートがしたい」というジョブが解決できるようなクルマを買っていた。しかも、たった一人で選んでいた。家族を持つと、それが大きく変わり、「たまの週末には家族でドライブしたい」、さらにママは「重い買い物も楽々としたい」「子供たちの送り迎えをしたい」というジョブを解決しなくてはならない。また、「思いやりのあるパパでありたい」といった社会的責任から来るジョブも加わった。となると、相談や議論も増え、決まるのに時間がかかり、B2Bビジネスのような様相を呈してくる。このように購入者が一般消費者であっても、ジョブはかなり複雑になることもあるので注意したいところだ。

成功するB2Bサービスは現場のジョブを理解している

法人向けビジネスは複雑だが、B2Bビジネスを展開するからといって、必ずしも複雑にジョブをとらえることはない。米国Salesforceの例がそれを示している。Salesforceは、従来IT部門が購入していたCRMソフトウェアを営業部隊に提供し、SaaSビジネスを確立した会社だ。単にCRMを営業部門に売り込んだだけではない。金額も営業部長が決済できるレベルにし、IT部門のサポートがなくても導入ができるようにしたことが大きな特徴だ。Salesforceだけではない。普及しているSaaS系のサービスは現場のジョブを上手に解決している。

従来用いられていたSI系のシステムは現場の問題を解決すると言いながら、とても多くのステークホルダーを絡めたシステムになっているのが実情だ。現場だけでなくIT部門のジョブを解決しなくては受注にこぎつけない。さらに、経営層のジョブを解決しなくてはならないほどの価格になっているため、コンサルタントがシステム導入の妥当性を検証するなど、経営レベルのサービスを提供が必要だ。すると、さらに費用がかかる傾向が助長される仕組みになっている。SaaS系サービスがシンプルなのは、解決するジョブを絞っているためとも言えるのだ。

SaaSを例に挙げたが、大掛かりな製品をバラバラにして小粒なサービスに分解することをアンバンドリング（Unbundling）といい、破壊的イノベーションを狙うスタートアップの一形態として知られている。受益者のジョブに特化することで製品を単純化すると同時に、価格を劇的に下げる戦略である。裏を返せば、垂直統合した総合的ワンストップサービスを提供している企業にとって、アンバンドリングは脅威だ。もし顧客企業のさまざまな部門に根回ししないと売れないような製品やサービスを提供しているなら、そこをついてシンプルな製品を投入してくる企業が参入してくる可能性がある。

Chapter 6

ジョブ理論にまつわる、よくある質問

Chapter 6 ジョブ理論にまつわる、よくある質問

前章まで、ジョブ理論を解説してきた中で読者の皆さまにはいくつか疑問をお持ちの方もいるのではないかと思う。私たちがコンサルティングの実施やセミナーなどでよく尋ねられる質問に答えていこう。

ニーズとジョブの違いは何か？

「ニーズとジョブの違いは何でしょうか？」…この質問はもっともよく尋ねられる。前述したように、「ニーズ」はあまり明確な定義がされておらず、答えるのに困ることも多いのだが、さまざまな文脈で使われている「ニーズ」という言葉を定義した上で違いを述べよう。「ニーズ」は「顧客が商品に向ける関心や行為などの現象」という意味で使われていることが多い。つまり、消費行動が表面化し、商品やサービスに向かっていることを「ニーズ」がある、と呼ぶ。

一方で、「ジョブ」はニーズが生まれたり（生まれなかったり）する源泉である。ニーズの対象となる製品がなくても存在するものだ。クリステンセン氏が繰り返し言っているように、人はジョブを解決するために製品を「雇って」いる。雇われた結果を見て、私たちはニーズがあると認識する。

ジョブ理論とイノベーションの関係は？

イノベーションの理論の大家であるクリステンセン氏が、なぜジョブ理論を語るのだろうか。イノベーションと人の消費活動には一見関係がないように見える。だが、イノベーションとジョブの関係は切っても切

れないものである。その関係について2つの説明をしたいと思うが、まずクリステンセン氏の有名な破壊的イノベーションの理論から説明しよう。

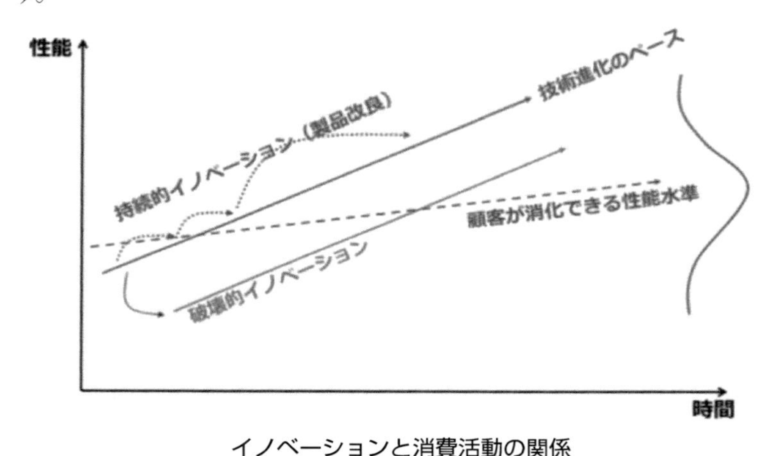

イノベーションと消費活動の関係

持続的イノベーションを続ける既存企業が、性能の劣る破壊的技術を持つ参入企業に負けるメカニズムを、クリステンセン氏は『イノベーションのジレンマ』で「破壊的イノベーション」と呼んだ。既存企業は性能向上に最適化されているため、「必要十分」な性能を持つ低価格品や新たな価値を提供する製品への対抗が遅れてしまうという洞察だ。新興企業に参入の隙を与えてしまう理由が、既存企業によるオーバースペックとも言えるほどに性能を追求する姿勢だという。顧客のジョブが求めている以上に性能を高めたところで、顧客はその性能への対価を支払う理由がなくなり、ジョブの解決に十分な性能を持つ製品を選ぶ方が買い手にとって合理的になる。顧客ジョブを解決することだけでなく、「適切な費用で」ジョブを解決しているかどうかという点である。一般に、大企業では性能不足よりも、製品のオーバースペック（つまり高価格）であるという問題の方が切実だとクリステンセン教授の理論は忠告する。つまり、ジョブ理論は持続的イノベーションを続ける既存企業が構造的に抱える課題から脱却するための処方箋である。

もう一つの説明は、イノベーションの技法であるというものである。イノベーションは、単に新しいものを作り出すことでは起こらない。新しいものを「発明」し、「普及」してはじめてイノベーションと呼ぶことができるのだ。そして、モノやコトが普及するには受け取り手がそのことに価値を感じ、「雇う」必要があるだろう。言い方を変えると、多くの人のジョブを解決するような発明をすることがイノベーションなのだ。

先にジョブありきか？技術から考えてはいけないのか？

いわゆる「マーケットイン」と「プロダクトアウト」の議論はいつも水掛け論になってしまいがちだ。派閥に分かれているようにも見える。技術開発に時間が掛かるハードウェア関連の業界経験が長いとプロダクトアウト、サービスやITなど製品開発にあまり時間が掛からない業界経験が多いと、マーケットインの発想を採る方が多いように見受けられる。モノづくりに必要な時間的な制約からプロダクトアウトしか選べないことも多いだろう。さまざまな制約はあるが、大きな投資をして売れないモノをつくってしまうプロダクトアウト派への風当たりは相当強い。

だが、冷静に考えてみればどちらが先であろうと、商品が顧客に出会わないと何も始まらない。そして、どちらのアプローチであってもジョブ理論は活用できる。私たちも同じく様々な業界で実践してきているので、あえて引き合いに出す必要もないかもしれないが、クリステンセン氏の書籍からだけでも医療、教育、インフラ、IT、あらゆる業界でジョブ理論が活用されている。顧客の未解決ジョブを発見し、そのジョブを解決する製品やサービスを開発する。あるいは、プロダクトアウトで先に製品をつくり、解決する顧客ジョブを探し出す。逆のアプローチも可能だ。

意外に感じられるかもしれないが、経験上、プロダクトアウトが上手くいかないのは、顧客ジョブを考えていないことが理由ではない。解決したいジョブがきっかけとなりプロダクトをつくるのだが、開発の過程でジョブを忘れてしまい、顧客が置かれている状況にそぐわないモノになってしまうといったことが頻繁に発生している。確かに想定していたジョブを解決することは可能なのだが、顧客が置かれた状況では現実的ではない方法を提供してしまうのだ。ジョブがきっかけとなり製品開発に着手した後も、繰り返し検証しながら開発を進めた方がよいだろう。

つまりマーケットインなのかプロダクトアウトなのかどうかよりも、「仮説検証」が大切なのである。見つかった顧客ジョブや、製品がジョブの解決策となるかどうかは、最初、「仮説」でしかない。実際にどれほど重要なジョブなのか、製品はジョブを解決することができるかといった検証を経て、「仮説」が「ビジネス」へと成長するのである。リーンスタートアップやスクラムなどの手法はまさにこのために存在する。

そして、検証結果次第では、修正してやり直すことになるだろう。しかも、その事業が新しければ新しいほど修正は避けられない。だが、この反復的な開発を続けることで顧客がまさに「欲しい！」という製品やサービスを届けることができるようなるのだ。こうした試行錯誤と仮説検証を繰り返すプロセスは、「リーンスタートアップ」という名称と優れた書籍の助けもあって、多くのスタートアップ創業者や、新規事業担当者に知れ渡ることになった。そのため読者の多くにとっては馴染みのある考え方になっているだろう。この仮説検証をリーンに、つまり迅速かつ低コストで行うにはジョブの観点を持つことは特に役立つことは強調しておきたい。「片づけるべきジョブ」という見方は顧客が求めている製品に対する仮説の精度を高め、試行錯誤の回数が減らす効果がある。そして、製品開発という大きな投資をする前に、需要の検証が可能になるのだ。

なぜ「理論」なのか？

実はクリステンセン氏は「理論」という言葉にこだわりを持っている。破壊的イノベーション理論やジョブ理論などの「理論」は経営者やマネージャーが、行動の結果を予測するために存在しているという。例えば、売り出した製品が「売れそう」だと判断した際に、脳内で参考にしているのが、そのマネージャーの「理論」ということになる。「勘」のようなものも、その人なりの理論にあたる。つまり、誰しもが何かしらの経営理論を持ち合わせており、予想の精度が高いか低いかの違いということになる。もし、ニーズに関する理論に自信を持っていないなら、ジョブ理論の力を借りた方が良いだろう。

エスノグラフィー、マクロ分析との違いは？

ジョブの話をすると、エスノグラフィーと比較されることがある。エスノグラフィーとは、文化人類学や社会学の研究で用いられた手法で、ある集団や社会について現地での生活を通じた観察によって知見を得る方法である。文書等の言語による調査ではなく、現地に身を置いた調査員の主観を重視する点に特徴があり、そのため生活者の心理や文化など潜在的な情報を得る方法として定評がある。ビジネスの分野では、このエスノグラフィーを潜在的なニーズ調査に用いようとする動きがある。

また、潜在的なニーズ調査手法としてPESTなどのマクロ分析とも比較される。PESTはPolitical、Economical、Social、Technologicalの頭文字をとった政治的、経済的、社会的、技術的な状況を市場ごとに分析する手法だ。PESTはマクロなトレンドをとらえやすいフレームワークとなっている。

ジョブ理論と、通常のニーズ調査、エスノグラフィー、さらにPEST等のマクロ分析を比較するのにとても良い物語があるので紹介しよう。

アフリカの靴を履く習慣がない地域に派遣された靴のセールスマンの話だ。まず、ニーズ調査が得意なセールスマンはその国に行き、現地では誰も靴を履いていない。市場規模はゼロだ。（ニーズとは関心や行動であったことを思い出して欲しい）このセールスマンはニーズがないと結論づけた。

次に、エスノグラフィーが得意なセールスマンが訪れると、すぐさま現地の人と同じように生活をしはじめた。もちろん現地人と同じように裸足生活である。足は痛いが、生活をしていると足の痛さよりも、食料品や飲料水の確保など気になることが多く、現地人が靴を履かない理由もなんとなくわかってきた。現地人に共感したセールスマンは、靴よりも他の生活環境の方が重大な課題ではないかと結論づけた。

マクロ分析が得意なセールスマンは、現地に行かなかった。さまざまな統計データから、経済発展が続けば将来的には靴を買う人は登場するかもしれないと結論づけた。そして、ジョブ理論に精通したセールスマンは、現地の観察とインタビューを通じて、多くの人には「靴の保護をしたい」という機能的ジョブが存在することを確認した。また、代替解決策としていくつかの足裏の保護策を取っていることも知った。さらに、靴を買おうと思っても、店舗へのアクセスや経済的な障害が存在することも分かった。したがって、足裏を鍛えるよりも手軽で、かつ低価格な靴を提供することができれば市場は開拓できると結論づけた。

ニーズ調査	マクロ分析	エスノグラフィー	ジョブ調査
アフリカに靴の市場は存在しない。	経済的に豊かになっているか？豊かになれば靴を買うかもしれない。	アフリカの人は靴を履いていない。靴を履いた方が心地よいが、彼らはそれどころではない。	靴は足の保護(機能)のために履きたいが、金銭的バリアがある。靴屋へのアクセスもない。
現在の現象	マクロな現象	ユーザへの"共感"	"共感"と"提案" 本人と第三者

ジョブ理論と従来の分析との比較

従来のマーケティング調査では、現在起きている現象がとてもよくわかり、マクロ分析は全般的な傾向をつかむのに有効だ。エスノグラフィーは、生活者に共感し、同じ目線で課題をとらえるのが得意だ。ジョブ観点の調査は、エスノグラフィーと重複する面もあるが、ジョブの4要素でとらえることで共感を超えて提案につなげることができる。

ジョブ解決の出来栄えは？

現在の状況にとどまらず、未来への提案ができるのがジョブ理論の特長である。このアフリカの地域では、どれくらい安くないと売れないのか、どれくらい足を保護しないといけないのか。今先進国で流行っているような靴でいいのか、それとも現地に最適化した靴を販売した方がいいのだろうか。この問いに答えるには、「ジョブスペック」を把握する必要がある。

「スペック」と聞くと、クルマ好きなら馬力や排気量、パソコン好きならCPU速度やメモリー容量を連想するだろう。結婚相手を探している女性なら、年収や身長、あるいは長男なのか次男なのかが大事なスペックだと感じるかもしれない。一般に製品の「スペック」は、その製品を特徴づける数値であり、他との比較を手助けしてくれる指標である。顧客が片づけたいジョブが製品の機能を決めるように、ジョブスペックを元に製品の性能を決めるのが理想的だ。

このジョブスペックについては、次章でさらに説明していこうと思う。

【Column】

無消費はチャンス

破壊的イノベーションは、無消費層を掘り起こす。売上の数字ばかりを見ていると、消費が起きていない「無消費」(non-consumption) の市場に気づかずに出遅れることになるだろう。例えば、LCC という超低価格の航空会社が出現した背景には、「休日に家族旅行がしたい」などのジョブがある。LCC がない時代には、近場で済ませていたり、数年に 1 度貯金をして行ったりという代替解決策が取られていた。そこに、余計なサービスを省いて、抜本的な低価格化を施すことで金銭的な障害を減らした LCC が登場したのだ。LCC が現れたとき、機内サービスのない低価格エアラインに「ニーズ」などないと言っていた評論家も多かった。ニーズはなくても、ジョブ・障害・代替解決策があったことに気づいていれば出遅れることはないだろう。

つい私たちは利益率の高いハイエンド顧客と数の多いマス顧客ばかりを見てしまうが、無消費層の方が大きな市場となりうることを気に留めておきたいものだ。このように存在していなかった市場を生み出すことを市場創造というが、「市場発見」という方が近いかもしれない。ジョブは存在しているが消費が起きていないなら、何が障害となっているのかを考えてみると破壊的イノベーションのアイデアが隠れている可能性が高い。もっと恵まれない無消費層がいることも忘れずにジョブ探しをしよう。

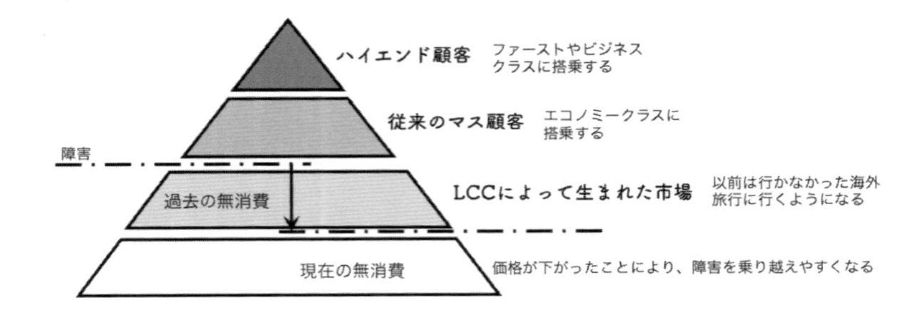

Chapter 7

ジョブスペックと解決策の設計

Chapter 7 ジョブスペックと解決策の設計

クリステンセン氏が『イノベーションへの解』でジョブ理論を公表したのはもはや9年前だ。その後JTBDと親しまれていた「Job to Be Done」の考え方に精通していった人たちにとっても、新刊『ジョブ理論』で「ジョブスペック」という言葉は目新しく感じたのではないだろうか。本章ではミルクシェイクやQBハウスの事例を再度使いながらこのジョブスペックについて解説しよう。

ジョブの存在はまだ始まりにすぎない

顧客に片づけるべきジョブが存在することがあったとして、それを適切に解決することができなければ、何も生まれない。朝の通勤時に退屈しそうだからといって、興味を引くものなら何でも良いわけではないのだ。解決を待っているジョブの存在に気づいたなら、ジョブの性質、つまりジョブスペックまで掘り下げることで適切な解決策をデザインすることができる。ジョブという輪郭の内側を埋める色合いがジョブスペックである。

> ジョブの存在に気づいたとしても、それはまだ始まりにすぎない。顧客に雇用してもらうまでには、ここから長い道のりがある。だが、片づけるべきジョブに対する真の理解はある種の解読機（デコーダー）となり、ジョブの解決策を具現化するためのジョブスペックを手に入れることができる。新しいプロダクトが成功するのは、その特徴や性能がすぐれているからではない。それに付随する「体験」がすぐれているからである。（『ジョブ理論』P.192）

輪郭＝ジョブ定義文

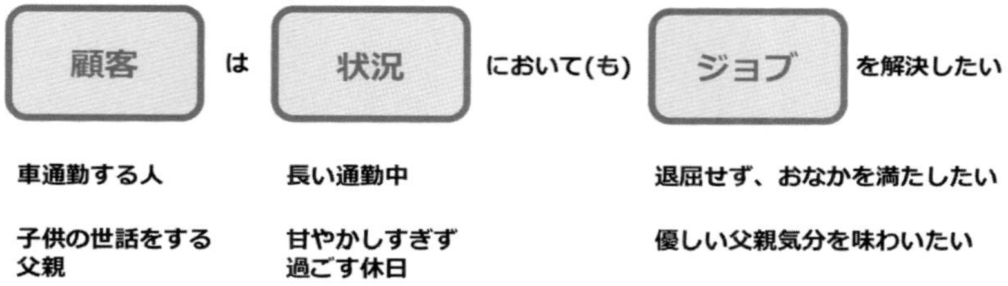

顧客	は	状況	において(も)	ジョブ	を解決したい
車通勤する人		長い通勤中		退屈せず、おなかを満たしたい	
子供の世話をする父親		甘やかしすぎず過ごす休日		優しい父親気分を味わいたい	

ジョブスペックに入り込む前に、ジョブが定義できているかどうかを簡単に確認しよう。片づけるべきジョブの、まさに「輪郭」をくっきりさせるために「ジョブ定義文」を書いてみるとよい。顧客がどのような状況でジョブを解決しようとしているかを一文で表現するのだ。

この作業は案外難しい。もちろん仮説で構わない。100％正しい必要はないが、顧客のジョブを一言で表現できるようにしたい。どのような状況下でこのジョブが発生する必然があるのかを言語化するのが秘訣だ。経験のいる作業なので、難しく感じるかもしれない。だが、顧客の立場を把握するインプットを続けていると、深い気づきが得られる瞬間があるものだ。この練り上げる作業を経て得られたジョブ定義文はこの先立ち返るポイントになる。

色合い、ジョブスペック

・バナナ味
・容量 180ml
・果汁 30%
製品スペック

・飲み切るまで最低20分
・運転しながらでも飲める
・ゴミになりにくい
ジョブスペック

「通勤中の暇つぶし」という片づけるべきジョブのスペックはどのようなものだろう。いくら退屈をしのいだとしても、バナナのように手が汚れるようなものは好まれていないことを考えると、「運転を妨げない度合い」というスペックが重要であることが挙げられる。さらに、毎日の通勤のお供なら、その経路から遠回りになるような立地も大切だろう。

甘さや量といったミルクシェイクそのもののスペックが挙がってこないことに気づいただろうか。ジョブスペックは製品のスペックとは異なり、ジョブを解決する際に重視されるパラメータなのである。言い換えると、ジョブを片づける際にどのような「経験」を望んでいるのかを示すのがジョブスペックとなる。

> 顧客がどんな商品をほかより優れていると判断するかを把握することで、長期的な競争優位を築くことができる。(『ジョブ理論』P.200)

製品	製品スペック視点	ジョブ	ジョブスペック
ミルクシェイク	味や量	通勤の退屈しのぎ	運転のしやすさ
QBハウス	オシャレ度	身だしなみを整える	「ついで」感
ウォークマン	音質	どこでも音楽を楽しみたい	アクセサリー性
インスタグラム	画質	日常にセレブ感を味わいたい	ファッション性
GoPro	画質	カッコいい場面を残したい、見せたい	携帯性・頑丈性

製品スペックとジョブスペックの比較

上の表は、一般に製品カテゴリーが持っている製品スペックと、主なジョブスペックを比較したものである。例えば、多くのサラリーマンにとって、髪型そのものにはこだわりはなく、ヘアーファッションについての情報も少ない。それにも関わらず、「普通の髪型でいたい」「周りを不快にしたくない」といったジョブだけを十分に解決するサービスがない点にQBハウスは目を付けた。その際、従来の理容店や美容室は高価な選択肢となっているというのだ。そのジョブ定義文は例えば、次のようになる。

“サラリーマンは ヘアーファッションに詳しくなくても 身だしなみを整えたい。”

もう少し深掘りすると、オシャレをするために髪を切るならいざ知らず、「いつもの」髪型のまま、伸びた分だけを手入れするなら価格だけでなく「わざわざ感」も過剰だ。つまり、顧客がジョブを解決する際に気にするジョブスペックは「ついで感」なのである。そのため、店舗を駅ナカに置き、待ち時間を最小化し、待ち行列を遠くから見えるようにした。「整えよう」と思ってから「整う」までの経験全体にスムーズな「ついで感」を味わえるようにデザインしたのだ。

> ジョブそのものは、進歩を遂げようと苦労している顧客の立場から状況を組み立てるのに対し、ジョブスペックとは、イノベーターの視点からジョブをとらえたものだ。(『ジョブ理論』P.199)

機能 vs 性能 ── ジョブ vs ジョブスペック

クルマを開発するときには、「曲がる・走る・止まる」といった基本的な機能さえ満たせばよいのではなく、曲がる性能や走る性能など、それぞれの度合いを定義してから設計を始める。同じように、解決するジョブを定義したなら、それをどのように解決してあげるのかを定義する。つまり、ジョブとジョブスペックの関係は機能と性能の関係にあると言えるだろう。

QBハウスの例では、「身だしなみを整える」というジョブに対して、「ついで感」が主なジョブスペックという関係にあり、「髪を切る」という機能に対して、「カット時間」が主な性能という対比になる。

Problem Solution Fit と Product Market Fit

リーンスタートアップに通じていると、プロブレム・ソリューション・フィット（PSF）やプロダクト・マーケット・フィット（PMF）という言葉を聞いたことがあるだろう。スタートアップが達成しないといけない第1と第2の関門である。

PSFは顧客の課題とソリューションが適合した状態、PMFは市場と製品が適合した状態と言われている。

PSFもPMFも状態でしかないので、何をしたらこの状態へと到達できるのか、その活動を定義するのが難しい。その一つの補助線となるのが、ジョブやジョブスペックである。例えばPSFを達成するには、ジョブと製品機能の整合を取る。以前記したように製品機能側の修正を行っても良いし、ターゲット顧客を変えても良い。PSFを達成後、PMFを実現するにはジョブスペックに適した製品性能を、と考えると道筋が見えてきやすい。初期の製品には改善すべき点がたくさんあって、どこから手をつけていいかわからない。あるいは作り手のセンスだけで改善をしてしまい、PMFが遠のくこともよくある。ジョブをとらえていたとしても、PMFに到達する困難はいつも想像を超えて難しいものだ。

なぜPMFが難しいかと聞かれれば、ジョブは比較的普遍的なものであるのに対して、ジョブスペックは顧客が置かれた環境に強く依存し、現場を知るほどの解像度が求められる。加えて、「どのように」ジョブを片づけたいのか、という問いはとても言語化しにくい点が挙げられる。顧客が「通勤時の暇つぶし」というジョブを言語化すること自体も難しいが、その暇つぶしを「どのように」解決したいかと聞かれて、説明することを期待するのは無理がある。そのため、このステップを「デザイン」や「センス」の領域であると片づけられる場合もある。筆者もこの領域は「デザイン」であり、「センス」であると考えている。だが、デザイン思考が提唱しているように、優れたデザインも試行錯誤を免れない。

リーンスタートアップでは、MVP（Minimum Viable Product）と呼ばれる最低限の試作品を顧客に提示してフィードバックを得ることを強く推奨している。MVPの定義にはさまざまあるが、ジョブ理論の文脈で言えば、「ギリギリ顧客の未解決なジョブを解決してくれそうな試作品」と理解して頂きたい。MVPを顧客に使ってもらうことで、大きく分けて２つの学習が期待できるのだ。

１つ目は、「本当にジョブを解決することができるか？」という問いに対する答えだ。問い自体はYES/NOで答えられるシンプルな問いだ。シンプルだが、答えからは合否判定しかわからないという欠点がある。

もう１つの学びは、「ジョブを解決しようとするときに重視する点は何か？」である。顧客がMVPを使わなかった理由や、使ってみての不満点などに隠されていることが多い。ジョブスペックという「色合い」は塗り直す可能性が高いものだと思った方がいいだろう。

多くの企業でリーンスタートアップが一般的になるにつれて、MVP をつくることに対して賛同が得られやすくなっている反面、MVP を通じてどんなフィードバックを得るべきなのかは理解されていないケースが多い。

MVP をジョブが発生する状況に対するさらに深い洞察と、ジョブ解決に期待する出来栄えをとらえる道具だと見做してはどうだろう。PMF までの予測困難な道筋もジョブスペックをとらえることで開ける可能性は高まる。

Chapter 8

あのヒット商品は
どのようなジョブを解決したか？

Chapter 8 あのヒット商品はどのようなジョブを解決したか？

この章は「消えるメッセンジャーアプリ」として米国で若者に広まったスナップチャット、小型アクションカメラのGoPro、日本でヒットした汗拭きシートをあげ、そこで解決されているジョブについて考察する。

これまではジョブ理論の概要や背景、またその有用性について演繹的に解説を行ってきた。本章は3つの事例を通じて実践的に理解を深め、実際に活用できるようになって頂きたいと考えている。まずは、ジョブ理論がもたらす主な利益について再確認しておこう。

- 事業を成功へと導く強力な道標として活用できる
- サービスやプロダクトのコモディティ化を避けることができる
- 情報の海に溺れるだけのリサーチを超えて、質の高いインサイトを獲得できる
- ありふれた製品ではなく、イノベーティブで逆張り的な製品アイデアが発想できる

ジョブ理論と機能の価値

1つ目の事例として、ジョブの観点から「スナップチャット」というサービスについて考えてみたいと思う。スナップチャットは米国スナップ社によるチャット形式の写真・動画共有サービスで、2017年現在1億5,000万人以上のアクティブユーザーによって毎日2,000万枚の写真や動画の共有されている人気のアプリだ。

スナップチャットの特徴は、「共有された写真や動画、メッセージが10

秒で消える」という機能である。この「消える」という機能は厳密に設計されたもので、受信したメッセージを閲覧している間は他アプリへの切り替えやスクリーンショットもできないほど、こだわりの仕掛けとなっている。

機能劣化？のイノベーション

では「共有された写真や動画、メッセージが10秒で消える」という機能は、1億5,000万人以上のどのようなジョブを片づけているのだろうか？３週間前に約束した待ち合わせの時間を確認するときに、私たちは過去の履歴を検索する。このように、「履歴が残り、検索できる」ということは、ITを利用したコミュニケーションの美点でもあり、ほとんどのメッセージングサービスには履歴の閲覧機能が存在する。つまり、常識的には「情報が消えてしまう」という性質を持つスナップチャットは他のメッセージングサービスの劣化版とも見えるのではないだろうか。にもかかわらず、スナップチャットは、なぜあえて美点を捨てることにこだわったか。

まず、スナップチャットが他のサービスよりも上手に片づけることができるジョブ（つまり、1億5,000万人の心を捉えたジョブ）がどのようなものであったのか、想像してみて欲しい。ここでも目的、障害、代替解決策の各要素から考えていきたい。

・目的：コミュニケーションという行為が、情報の伝達というジョブ以外に、解決しているジョブが存在するのではないか？
・障害：「履歴が残る」ことでどのような不都合が起こるのか？
・代替解決策：スナップチャット登場以前に、ユーザーが利用していたコミュニケーション手段は何か？

「可能を不可能にする」という手段

これらのヒントは、ユーザーの大半を占めるティーンエイジャーのコミュニケーションを思い起こせば気づきやすい。親友や恋人同志でたわいもない会話による夜通しの長電話をすることは、世代を問わず経験があるのではないだろうか？スナップチャットが登場する前も、「たわいのない話をする」ジョブは存在し、アナログな手段や従来のチャットツールが雇われていたことは容易に思い出せるだろう。このようなたわいもない会話が電話で行われていた不都合は「声」にあった。家族に聞かれるかもしれないし、夜中であれば起こしてしまうかもしれない。また履歴の残るチャットツールであれば、残ることによって踏み込んだコミュニケーションが図れないという不都合がある。電話を使ったコミュニケーションでは、あえてキワドイ領域に踏み込んだコミュニケーションを交わしても、翌朝には「楽しかった」という気持ち以外は残らない。記録に残ることが障害となる極端なケースを挙げたが、すべて記録されているとしたら会話を存分に楽しむことができないという人は他にも存在する。かのソクラテスですら、文字にしてしまうと永続し、固定してしまうことから「対話」を重視したという。つまり「履歴が残る」という機能は、コミュニケーションを楽しみたいというジョブに対する障害となっているということだ。そのコミュニケーションがキワドイ内容であればなおさらであろう。

そこに着目したのがスナップチャットである。スナップチャットは、画像や動画を用いたコミュニケーションが一般的になった時代に適したツールをつくることで、かねてから存在していたジョブを解決した例と言えるだろう。

新製品を「不可能を可能にすること」から着想しようとしても、「履歴が消える」コミュニケーションという発想はなかなか生まれない。世に出るプロダクトが問われるのはいつでもただ1つのこと、「それはジョブを解決するのか？」であり「不可能を可能にするか？」ではないのだ。

GoProのありふれたスペックとユニークなユーザー体験

次に機能を超えたユーザー体験の実現した小型アクションカメラのブランドGoProの解決したジョブについて探っていきたい。

GoProの歴史は2002年に、ニック・ウッドマンという1人のサーファーの挑戦に始まる。彼はアウトドア派で、自身のワイルドなアクティビティにカメラマンを同行させたような写真が撮れることを目指し、2004年に35mmフィルムを使ったアクションカメラを作った。その後プロダクトの開発と洗練を進め、現在のGoProは従業員1,000人超の大企業へと成長している。

機能面から見たGoProの出すカメラは「ありふれたもの」にも見える。例えば、「画質」という面から見ればコンパクトデジカメやスマートフォンに引けを取る。また「タフさ」という面から見れば防水性能、防塵性能、軽量性、信頼性などがGoProよりも優れている製品は複数存在する。価格面でも決して安くはない設定である。しかもデジタルカメラという業界は国内だけでもニコン、キヤノン、リコー、オリンパス、富士フイルム、ソニー、パナソニックなど数多くの技術的に優れた競合が多数存在している。それでもGoProは小型アクションカメラにおいて、圧倒的な地位を築くことに成功した。

ユーザー体験を作り出す周辺製品

カメラとしてはありふれていてもサーフボードやヘルメットに取り付けるためのアタッチメントと組み合わせると、変えがたい存在として雇われてきている。その理由は、なかなか解決できなかったジョブにある。例えば、サーフィンで技を決めた瞬間を逃したくない人や、スノーボードで勇気あるジャンプをした姿をもう一回見たいとき。このようなエクストリームな一瞬にはGoProを雇いたくなる人が多いのだ。

アタッチメントだけでなく、さらに細かく見ていくと、広角寄りの画角や、青空のもとで綺麗に（カッコよく）映る画づくりのこだわりも、動画を再生したときに優れた体験をもたらしてくれる。こうした点も数値化されたスペックからは読み取りにくい部分であるがジョブとジョブスペックに対して丁寧に作り込まれている。

さらは「カッコいいところを見せたい」という社会的な側面も動画共有プラットフォームを提供することでユーザーには嬉しいサービスとなっている。

このようにユーザー体験全体が統合されて「GoPro的体験」として代名詞的に雇われる状況は、「製品」が雇われているというよりも「ブランド」が雇われている状況であると言えるだろう。作り手としては、アクションカメラとアタッチメントとプラットフォームを作っているのだが、受け取り手からしてみれば、すべてが体験を作り出す担い手になっている。クリステンセン氏が「パーパスブランド」と名付けたのは、このように顧客がジョブを解決する際に真っ先に連想するようなブランドのことである。アクションカメラがもたらす「体験」の代名詞となったGoProは、まさにパーパスブランドである。

汗拭きのイノベーション

日本にも多くの人のジョブを解決することで普及した製品がある。ボディシート（使い捨ての汗ふきシート）である。ボディシートが解決するジョブには「シャワーが使えなくても体を清潔に保ちたい」といった機能的なものや「臭いと思われたくない」といった社会的なものがある。

夏のジメッとした季節にボディシートが切望されるような状況は、今となってはとても想像しやすいものであろう。ボディシートが発明される前は、タオルやハンカチ、あるいは訪問先でもらえるおしぼりが代替品だったことはもう昔のように感じられるかもしれない。従来は汗を拭くという機能的なジョブしか解決することができなかったものが、清潔感やニオイといった感情的、社会的ジョブをも解決できるようになったのだ。

真冬にボディシートが雇われるジョブ

一方でメーカーは、切実なジョブを解決するために開発し成功した製品をさらに多くの状況でも雇って欲しいと考える。そうしたとき、顧客のジョブを浮き彫りにするようなストーリーを使うことが効果的である。例えば、年末の忘年会シーズンである。仕事を慌ただしく切り上げたら、コートを着て、会場に向かってダッシュ！なんとか乾杯が始まる前にたどり着き、コートを脱ぐ。すでに駆けつけていた同僚たちもちょうどコートを脱いでいるところだ。「コートはどこにかけよう」なんて、部屋を見渡し、視線を泳がせる…調査によると、女性のなんと約５割が「年末の忘年会などの飲み会で、男性のニオイが気になる」と回答しているそうだ。比較的汗をかかないように思える冬場でも、暖房が効いた屋内や、コートを着て外回りをしているうちに、体は温まり、気づかないうちに案外汗をかいているのだ。さらに、そのニオイは蓄積され、コートの下でホカホカと温まり、ニオイがいっそうこもってしまうという。

「同僚の女性に好感を持たれたい」という社会的なジョブを持つ男性にとっては、本人が気づかないうちにニオイが相手に届いているかもしれないという恐れは、切実感があるものだろう。このようにストーリーを使えば、ジョブの切実感を顧客と共有することできる。このストーリーを目にした後であれば、夏に雇っているボディシートを冬にも雇うことに抵抗は感じないであろう。

類似するジョブによる売上拡大

冬のボディシートのように、一度切実なジョブを解決することで実績をつくった後、類似するジョブに対しても価値があることを伝えることはとても効果的だ。特に、ボディシートのように売れれば売れるほどコストダウンし、価格を下げても利益が取れるものは顕著である。工業製品や生活消費財は規模の経済性が働くため、さほど切実ではないジョブであっても低価格ゆえ、購入につなげやすい。顧客はジョブの切実度と製品価格を天秤にかけ、切実度がそこまで高くなくてもコスト的に優れていればその製品を雇用するためである。

ここで注意したいのは、最初のジョブを片づけるために降臨してきたかのようなインパクトがあればこそ、類似するジョブでも使われるという点である。最初のジョブを上手に片づけることに失敗したら次のチャンスはない。最初のジョブで積み上げた信頼と低コストが、次のジョブを解決することがつながるのだ。

だが、この手法にも限界がある。そうやって成功し、類似ジョブを解決し続けているうちに、作り手は何のために製品が使われているかがわからなくなってしまうのだ。まだ1つも製品が売れていないスタートアップにとっては贅沢な悩みだが、創業時に解決したジョブを忘れてしまった大企業にとっては極めて大きな問題である。過去に売れた製品に関する知識と顧客の属性に沿って開発した商品の売れ行きはまさにクリステンセン氏が言う通り「運」任せに近い状態だからだ。

Chapter 9

ジョブ理論を活用する

Chapter 9 ジョブ理論を活用する

ジョブ理論は「ニーズ」や「需要」をよりよく見極めるための「レンズ」だとすると、何を、いつ見て、どう実際に活用していくのか。INDEE Japanの経験からいくつかの事例をご紹介しよう。

ビジネスプラン・コンテスト

多くの企業はビジネスプラン・コンテストを開催している。その動機はいくつもあり、例えば以下のようなものが挙げられる。

・新しいビジネスを生み出すため
・若い従業員のアイデアが埋もれないようにするため
・社員の活力とイノベーティブな雰囲気づくり
・社員の創造力を高めるため

コンテストを開催して、アイデアを募集したとしても期待通りのビジネスアイデアが集まることは稀だ。ビジネスプランが優れているものとして見なされるためには、収益性や実現性といった課題もあるが、顧客側の需要があり、必要とされるものであることなど、いくつもの条件があるからだ。特に、顧客側の需要については社内でブレーンストーミングをしたところで、顧客に聞かないとわからない。したがって、ビジネスプラン・コンテストを行う前に、ジョブ理論を共有し、ジョブ調査を行うことは有効だ。顧客の声を聞き、状況を把握したうえでアイデアを出すのだ。こうすることで、自社が持つ技術や他の資産などの強みを活かすビジネスプランが生まれる。

INDEE Japanでは過去に、いくつかの企業でこのようなコンテストの企画・運営を行った。約30人が合宿形式で参加する形態をとるコンテストである。初日はジョブ理論についての概略を学び、共通言語を構築することから始め、顧客ジョブをとらえるためのコツなども共有した。

この知識はすぐに活用することになる。その日中に、実際に顧客候補をインタビューし、未解決のジョブを聞き出すことになるからだ。実際にジョブ調査を行うことで、参加者の意識は一気に日常業務から離れ、顧客を中心に考えられるようになるから不思議だ。「顧客第一」や「価値創造」などとスローガンを掲げても意識が変わらないと嘆いていた幹部も、その変化に驚いていた。

初日に顧客のジョブという洗礼を受けた参加者はチームとなり、二日目以降ジョブの解決策を考える。部門横断で集まっているチームは必然的に、さまざまなノウハウを組み合わせてアイデアを出すことになる。部門横断のクロスファンクショナルチームが機能するかどうかは、共通の目的を持てるかどうかにかかっている。このプロセスでは、共通の目的がとても明瞭になる。つまり、どのようなチームでも同じだが、顧客のジョブを解決し、その解決策を会社に提案することである。

メンタリングを行ったり、追加の検証や調査を行ったりと最初のアイデアを磨き、五日目にはピッチをする。このように、顧客が持つ実際のジョブを基盤にしたものをピッチとしてまとまったものが集まることで、コンテストの結果には期待が持てる。

マーケティング戦略の立案

ある消費財メーカーは、安定感があるものの目新しさを失いつつあるブランドを革新的に見せたがっていた。消費財は毎日使われるものだけに、機能的なジョブだけでなく感情的、社会的ジョブを解決することができなければ、コモディティとなってしまい、価格競争に巻き込まれてしまう。そのため、消費財メーカーはやっきになって付随的な情報を提供したり、イメージを高めるタレントを活用したりする。だが、顧客の文脈に応じたメッセージを届けなければ、単に押し付けがましく、メーカーによる過度な主張ととらえかねない。
そこで、そのメーカーとともにそのブランドが雇われている場面を調べることにした。メーカー側が把握していない何か意味のある用途で雇われているのではないかという期待である。期待とはいえ、ドラッカーも「企業が売っていると考えているものを顧客が買っていることはまれである」と言うように、ほぼ間違いなく見つかるものだ。メーカーにしてみれば「意外」であっても、顧客が感じている価値があるなら、それを共有していきたい。

具体的には、意外な使い方をしているユーザーを見つけ出すことから始める。まず、ウェブを使ったアンケートを集めることで、数多くのユーザーの情報を集める。次に、意外性の高い使い方をするユーザーをピックアップし、インタビューしたり、使う現場を見せてもらったりするのだ。このアプローチは従来の市場調査とは異なり、仮説を発見する目的で行う。このジョブ調査で「発見」されたジョブは、顧客がジョブを解決する文脈にマッチしたマーケティングメッセージへと昇華される。

新規事業立ち上げ・多角化

大きな企業になればなるほど、次の新たな事業領域を定めることは難しくなる。複数の事業部が関係し、内部調整ばかりになる一方で、具体的な事業は一向に進まない。一例を挙げると、新規事業としてITサービスに取り組もうとすると、IT部門が駆り出されるものの、社内ITとはかなり勝手も違い、折り合いがつかないために行き詰まることが発生する。ITに限らず、社内専門家が存在するために失敗するプロジェクトは少なくない。そもそも専門家が知っているのは技術であり、提供側の論理であることを認め、どのような顧客ジョブが未解決なのかから着手すると、新たな事業のタネがあることに気づくだろう。

ある医療機器メーカーは、病院や医師が使う医療機器を超えて、新しい事業を立ち上げたいと考えていた。そのメーカーの主な事業は機器の生産販売ではあったが、メンテナンスサービスや消耗品販売までをすでに提供しており、「病気の治療」というジョブをほぼ網羅した事業展開ができていた。だが、次に展開するべき領域が見つからなかったのだ。

そこで、医師や医療従事者、関係者を訪ねてまわって不満足なジョブがないかどうかを探した。すると、医師が開業するときのサポートが不足しているということがわかったのだ。医療機器の販売には直接つながらないものの、医師が開業し、病院経営が安定するための経済的・基盤的なサポートが提供できれば、いずれ医療機器の販売にもつながる。何よりも、医師のジョブを片づけることを通じて新たな価値を提供する新規事業が生まれるのではないかという考えである。

具体的なサービスについて考える前に、どのような領域に新たなビジネスが生まれる余地があるのかを探るのは有効である。このようなときは、特定の事業部ではなく経営企画部門が主導した方がうまくいく。一度領域を決めてから詳しくジョブ調査を行ったり、協業先を探したり、ビジネスプラン・コンテストを実施したりした方が、的も絞れて成果が出やすいからだ。

ニーズからの事業開発

いわゆる「マーケットイン」で事業をつくるためにジョブ理論を活用する企業は多い。例えば、全国に支社を持つ地域密着型のIT企業での取り組みを紹介しよう。この企業は以前、地域密着で顧客が求めるシステムを都度開発しており、順調なビジネスが展開できていた。しかしクラウドコンピューティングの発達により、従来型のシステムインテグレーター（SI）事業は徐々に侵食されつつあった。そこで、各支社主導で地域の未解決ジョブを探すことにした。SIは得意先の課題に密着することが多いが、まだ顧客になっていない農業法人に訪問した際、新たなアイデアが生まれたのだ。

農業法人の主なジョブは「農作物をつくり、販売すること」であるが、そのビジネスを阻害しているのはあいにくにもIT技術ではなく人手不足であった。収穫期には一気に人手が不足し、地域住人から臨時でアルバイトを募集して乗り切っていたのだ。通常ならITとは関係のないニーズとして見過ごされていただろうが、このときは違った。地域のアルバイト斡旋サービスを開発してはどうかというアイデアが生まれたのだ。地域の住人が持つ「短期アルバイトを探したい」というジョブをとらえたことや、アルバイト従業員がスマートフォンを使って情報共有をしているという状況把握もそのアイデアの背景にある。最大のヒントとなったのは代替解決策として行っていたアルバイト募集策だった。近隣住民の住所録をかたっぱしから電話をかけ、収穫作業に協力できるかどうかを確認していたのだ。

シーズからの事業開発

研究開発の成果で生まれた技術からビジネスをつくり出したいケースもある。画像処理技術をビジネスに応用したいと考えていた企業もジョブ理論を活用した。この会社では、農作物など、形が定まらないものであっても大きさの自動選別ができる技術を開発していた。このシステムは若干大掛かりなもので、当初想定していた農業用途には高価すぎて、受け入れにくいものになってしまっていた。そこで、コストダウンを目指した追加開発を続ける前に、高価で性能のよいままで求められるユーザーがいないかどうか検討することにした。

技術シーズからビジネスの機会を探すときに有効なのは、ジョブを直接探索する前に、ジョブの仮説を数多く立てることだ。さまざまな産業や地域に関する多くのおおまかなジョブから、技術シーズが役立ちそうな領域をいくつか絞ることを行う。私たちは、これを釣りに例えて「魚影探索」と呼ぶ。釣り堀では、どのような魚がいて、どんな餌を好むのかがわかっているため、その魚が「欲しがっている」餌を垂らす。つまり、ターゲットとする市場や顧客が明確ならジョブに合わせた商品を届けるというアプローチがとれる。しかし一方で、技術シーズありきのプロジェクトも存在する。まるで手持ちの釣り具で釣りをするような状態と言えるのではないだろうか。しかも海は広い。そんなときは「魚影探知機」で釣れそうな魚をざっと俯瞰してみる。「魚影の濃い」海域にアンカーを下ろして、同じように釣りをするのだ。

見た目が生産品にとって大切なものや、選別がとても重要な商品を扱う業種をいくつか挙げ、それぞれの業種でヒアリングを行った。その結果、商品選別が重要な業種として魚の養殖業が浮かび上がった。考えてみれば、農業よりも単価は高く、価格の変動も高い。彼らは丹精込めた魚を生産しており、その商品をより高く、適正な価格で売りたいというジョブを抱えていた。そのため、「丹精込めて」魚を育てる養殖業者は、実に様々な場面で商品（生きた魚）の数を数えているのだ。しかも、これが一筋縄ではいかない。魚は動くし、数百匹単位で存在するため、１匹単位で数えるのは至難の技だ。現状はなんと、人間が目で見て数十匹単位で数えているという。まさに代替解決策である。

ジョブをとらえるインタビュー

顧客が抱える機能的、
感情的、社会的な課題

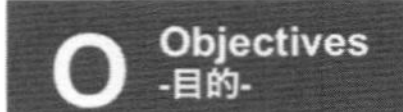

「採用基準」を決定づける
課題の背景にある目的

ユーザーがそもそも
やりたい事、片づけたい事

ユーザーが現状に対して
不満足である度合や根拠

ジョブを済ませること
を困難にする要因

現在顧客が課題解決に用い
ている製品やサービス

ジョブ理論を活用する際には、いろいろな人にインタビューを行うことになる。インタビューではどのようなことを尋ねればよいのだろうか。相手のジョブを把握するには以下の５つの問いを頭に入れて臨機応変に尋ねたい。

1. その人がなし遂げようとしている進歩は何か。求めている進歩の機能的、社会的、感情的側面はどのようなものか。
2. 苦心している状況は何か。
3. 進歩をなし遂げるのを阻む障害物は何か。
4. 不完全な解決策で我慢し、埋め合わせの行動をとっていないか。
5. その人にとって、よりよい解決策となる品質の定義は何か、また、その解決策のために引き換えにしてもいいと思うものは何か。

ここでも相手の文脈に適した言葉を選ぶことが大切なのだ。「どんなジョブのために～を雇っていますか？」とストレートに尋ねたところで、怪訝な顔をされるのが関の山だ。そんなことをする人はいないだろうが、相手の文脈に合う言葉を探りながら会話を意識することは案外難しく、近いシチュエーションに陥るケースも少なくない。また顧客の置かれた状況を理解するには、言葉だけでなくすべての感覚を総動員することが重要だ。言葉のトーン、発言したときや質問されたときの表情、服装なども参考になる。そのジョブを片づけているときの様子を見ることも役立つ。私たちはすべてのことを言葉にすることはできないからだ。嘘もつくし、誇張や建前はいつもあるものだと心得たい。

尋ねることは、ジョブを聞き出すきっかけでしかない。きちんと素直に受け取ることが案外難しいので注意が必要だ。聞いた言葉からジョブを把握するには、聞き手が無意識に持ってしまう3つのバイアスがあるので注意してインタビューに臨もう。

1. 提供者の希望的観測

売りたいもの、やりたい事業にはニーズがあるという思い込みやバイアスがかかってしまいがちだ。「こんなものがあったらいいですよね？」と同意を求めたら、人はその場しのぎで「イエス」と言ってしまうことも多い上に、顧客にとってより大きな問題が隠れてしまう。

2. 問題と課題の混同

第三者から見れば課題だと感じることも、当事者にしてみれば解決したくないことや、解決するほどのことでないものも多い。本人が「やりたい」という意思のあるジョブはありがた迷惑な問題解決につながることもある。

3. 不満から課題の切り出し不足

現地での生活にどっぷりと浸かって顧客への共感は進んでも、ジョブの片づけ方を是としてしまい、「代替解決策」であることを忘れてしまう。一時しのぎ的な片づけ方を見逃さないようにしたい。

インタビューシート

ジョブを探索するためのインタビューでは、通常のマーケティング調査で行うようなデプスインタビューとは異なり、事前に決めた質問を投げかけるようなことはしない。相手の文脈に合わせて、相手が望んでいる進歩を探るということは述べたとおりだ。もちろん、「売り込み」とも感じられるような解決策ありきのような問いは避けたい。

インタビュー後にジョブを整理するために使っているフォームを紹介しよう。インタビューで訊き出した顧客の状況を整理するには便利なフォームなので、一度利用されることをお勧めする。

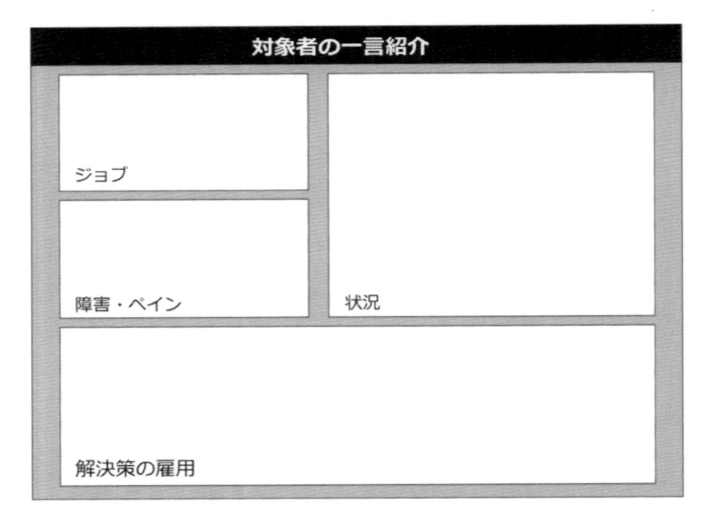

ジョブ整理フォーム

年齢や、性別も必要なら書き込むが、重要なのはインタビュー対象者が成し遂げようとしているジョブや、そのジョブが生じる状況、ジョブを片づける上で直面している障害や困りごとを記録すること。対象者が口にした言葉を厳密に書き取りたくなるかもしれないが、ジョブは言外にあることも多い。インタビューをしながら探索し、対象者が目指していることを書いてみよう。一人のインタビューから複数のジョブが見つかることもあるので、複数のシートに書き分け、ジョブごとに整理する。逆にあまり切実なジョブがないこともある。このようなときはあまり気にせず、飛ばしてしまっても構わない。

はじめはインタビューを難しいと感じたり、上手に聞き出せなかったりすることがあるが、繰り返しインタビューするうちに、コツをつかめるようになる。根気強くインタビューに取り組んでみよう。もちろん、思い込みやバイアスは禁物。自由にインタビュー相手の立場に立てるようになれば、たちまち簡単に感じるようになるはずだ。

運転中の退屈をしのぎたいビジネスマン	
通勤中の退屈を紛らわせたい。つまみ食いのように、空腹も満たせるとなお良い。 **ジョブ**	朝、オフィスまで自家用車で通勤するビジネスマン。郊外の町から毎朝、約４０分かけて通勤する。運転中につまみ食いをすることが多いのは、会社に着いたら昼まであまり休みも取らずに仕事がしたいから。 **状況**
ほとんどの食べ物は運転の妨げになってしまう。指が汚れたり、飲み物をこぼしたことは何度もある。 **障害・ペイン**	
現在もっとも買っているのはミルクシェイク。こぼれない、手が汚れない、腹持ちもよい、というメリットがある。そのため、わざわざ通勤ルートを少し遠回りしてファストフード店に寄り道している。店では他のものは買わずにミルクシェイクのみを購入してすぐに出発する。 **解決策の雇用**	

フォーム記入例

【Column】

５つのレンズ

ジョブを発見するためには、何か特別なことをする必要はない。同じ現場であっても、異なるパラダイム、つまりジョブのレンズを通して観察することで、ジョブを発掘することができるとクリステンセン教授は『ジョブ理論』で解説する。本書ではジョブを探すために有効な５つの観点が提示されている。

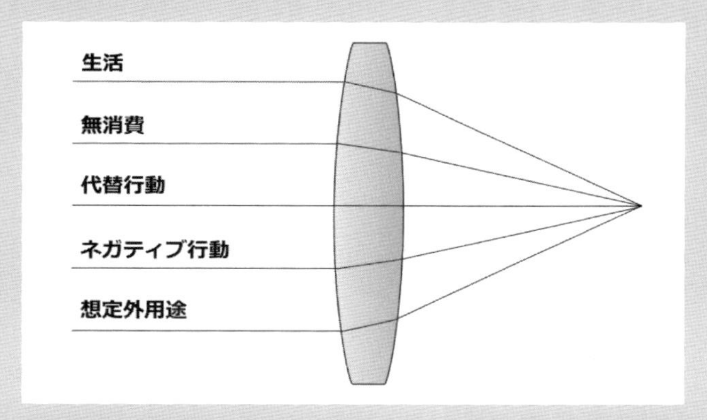

1. 生活に身近なジョブを探す

ソニーの盛田昭夫氏は、人の生活を注意深く観察しウォークマンの開発に至った。また、事前のマーケティング調査の結果では不調だったものの、発売を決行し大ヒットに繋げた。

2. 無消費の競合品を探す

Airbnb の顧客の 40% は Airbnb がなければ、旅行をしないという。無消費の状態にあってもジョブはある。

3. やりくりや代替行動を探す

「親が子供の貯金を預かる」という代替行動をヒントに ING Direct は貯

金するという作業を簡便化し、誰でもできるようにした。多くの低所得者などの口座を集め、2012年にCapital Oneに900億ドルで売却された。

4. 人がやりたくないことを探す

共稼ぎの親なら、風邪気味の子供を病院に連れて行く大変さは身に沁みる。ドラッグストアに併設されたMinute Clinicは診察待ちのイライラを大幅に解消するイノベーションだ。

5. 予想外の使われかたを探す

ベーキングソーダ（重曹）は本来調理用の製品だった。各家庭での使われ方を観察したところ、掃除や歯磨き、脱臭など意外な用途で使われていることを発見し、Arm&Hammerは関連商品を数多く開発。関連商品の比率は9割を超え、オリジナル調理用製品の売上が7%程度となるまで成長した。

Chapter 10

ビジネスモデルとデータ分析の呪縛——なぜジョブを中心に考えることができないのか？

Chapter 10 ビジネスモデルとデータ分析の呪縛——なぜジョブを中心に考えることができないのか?

ジョブ理論は、一部の人にとってはシンプルな、というよりも素直な理論に聞こえるようだ。つまり、顧客がやりたいことに寄り添って、解決策を届けるという「原則」は特段“ひねり”の利いたものではない、ということだろう。とはいうものの、従来の考え方と脳内不協和を生み出したり、既存組織との摩擦を生んだり、実行する際のジレンマがあるのも事実だ。本章はなぜ企業はジョブ理論をストレートに実践することができないのか、考察していきたい。

マーケティングデータの副作用

実は、顧客がジョブを見失いはじめるタイミングは商品が売れるようになってからだ。　商品が売れることで顧客のジョブが見えなくなるとは、なんとも皮肉なことではないだろうか。商品が売れる前なら、顧客がなぜ買わないか、どういう時に欲しがってくれるのかを必死に考え、企業は顧客に意見を求める。その同じ企業が、売れはじめることによってその問いを忘れてしまう。これは単に慢心や油断があるのではなく、成長によって得られるマーケティングデータに困った副作用があるからなのだ。「データ」というといかにも客観的なものだが、データが生まれる背景を知らずに使うと、ビジネスにとってはかえってマイナスが多い。データの捉え方に関する誤謬には3つのタイプがあることをクリステンセン氏も指摘する。

1. 能動的データと受動的データの誤謬
2. 見かけ上の成長の誤謬

3. 確証データの誤謬

特に、マーケティングデータが大量につくられたときと、機能別の組織ができたときがジョブから乖離してしまいがちなタイミングだ。データが生まれる背景と注意点を見ていこう。

データと現象は別物だ。データの主要な働きは、現象を表現することー現実のシミュレーションをおこなうことである。(『ジョブ理論』P.288)

企業の進歩と顧客の進歩は乖離する

どの（顧客が存在する）企業も、何らかジョブを解決することで対価を得ている。そして、大きな企業であればあるほど多くの顧客のジョブを解決している。にもかかわらず、大きな企業であればあるほど顧客のジョブから離れてしまっているのも事実である。社内政治の末の製品開発や、ノルマを達成するための押し売り的な営業、さらには流行りのタレントを採用した広告宣伝など、顧客のジョブとは関連のない活動が日々行われている。

だが、企業がそのような規模になるには、顧客が片づけたいと切に願っているジョブの解決を少なくとも一度は素晴らしくやってのけているはずだ。例えば、パナソニックの前身である松下電器は二股ソケットが、ソニーであればトランジスタラジオのようなヒット商品がそれに相当する。大企業の黎明期にはヒット商品と、なぜそれがヒットしたかというストーリーが必ずといって存在する。そしてそのストーリーの中心には、顧客が置かれた状況が商品によってどう進歩したのかが語られている。二股ソケットやトランジスタラジオの製品スペックが語られることはまずない。

> 片づけるべきジョブの見きわめによって成功したすばらしい企業でも、経営と成長に追われるうちに道に迷うことがある。そうなってしまった企業はジョブでなく、プロダクトを通して自分を定義しようとする。これは大きな違いだ。(『ジョブ理論』P.270)

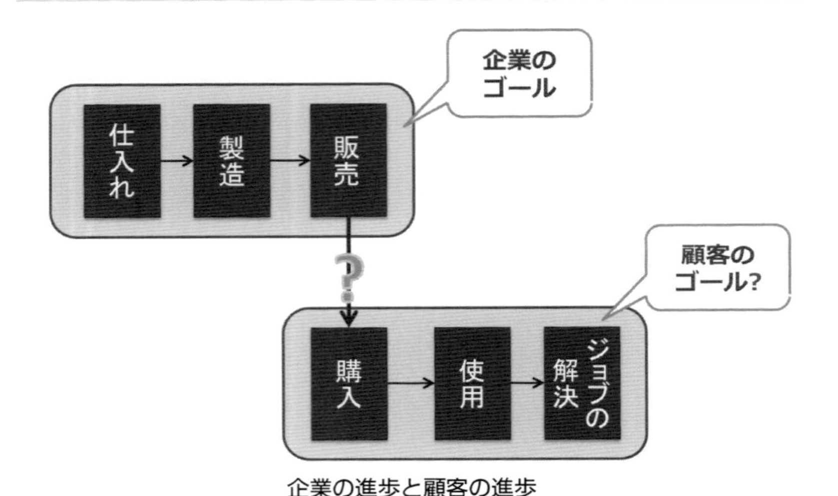

企業の進歩と顧客の進歩

「ビジネスモデル」の呪縛

顧客ジョブを片づけることに成功した企業は、そのビジネスモデルに磨きをかける。生産量を増やすために生産性と品質を高める。また売上高を高めるために、セールスをパターン化し、販売効率を高める。生産性、品質、販売効率を高めることでビジネスモデルはより強固になり、「稼げる」ようになる。稼げる反面、注意しなくてはならないのは、このような効率改善活動は顧客を見ていなくてもできる点だ。より厳密に言うと、顧客自身を見つめるかもしれないが、「顧客のジョブ」に注目することはない。

例えば、ファストフード店は「お昼にガッツリと食べたい」というジョブを手軽に、かつ安価に片づけるのにとても適している。顧客を増やすために「夜にもガッツリと食べたい」人のために夜の営業を拡大し、「さらに短時間でガッツリと食べたい」といったジョブを片づけるために調理済みのハンバーガーを常に一定量置いておくなどの工夫を行う。フランチャイズ化し、○○市に行っても食べたい、○○国に行っても食べたいというジョブの解決を手がけることもするだろう。コストを下げ、利益率を向上させる活動も日々の業務となる。営業時間の拡大や多店舗展開、低コスト化はどれも企業の発展には不可欠な業務であるが、顧客のジョブを知らなくても成し遂げられる。

しかも、この頃には組織は縦割りになっている。店舗管理、店舗開発、商品開発、仕入れ…それぞれの部署は、店舗を増やすこと、メニューを増やすこと、仕入れ価格を下げることが目標となり、顧客のジョブは簡単に忘れ去られる。むしろ、そんな余計なことを考えることはかえって非効率で、優秀な人ほど業務に集中するものだという価値観すらある。加えて、組織の戦略と役割分担が明確なシステムを持つ企業ほど、部門の責任者はKPIが割り当てられていて、数字に追われているはずだ。そうなってしまうと、そのミドルマネージャーにいきなり「顧客のジョブは？」と尋ねても、答えはまず返ってこない。

データが生まれた状況は？

誤解をしてもらいたくないのだが、具体的な目標や、数値目標を否定しているのではない。状況に応じた目標設定と、数字が生まれた状況を把握することが重要だと言っているのである。仮に顧客のジョブをとらえ、ジョブを解決できる商品の開発に成功したとしよう。つまりプロダクト・マーケット・フィット（PMF）を達成したなら、当面の目標はその商品が行き渡るまでは拡販ことになるだろう。この時期は、販売だけでなく、製造も数字を増やすことが不可欠だ。したがって目先の数字は、各部署が連携して成長を牽引するきっかけとなる。だが、PMFは同時にジョブを忘れデータに依存するきっかけとなることを『ジョブ理論』で語っている。シナリオはこうだ。

1. 商品の販売によって、販売台数・販売価格・利益率等の「プロダクトに関するデータ」を生み出す
2. 売り上げによって「商品購入者に関するデータ」が同時に生み出される。B2Cビジネスなら、性別や居住地、年収などのデモグラフィックデータであり、B2Bビジネスなら、会社の規模や所在地、など法人の属性データである。
3. 売上拡大とともに、人材や設備、技術開発への投資が行われる。すると、投資効率のデータがつくられる。
4. 魅力的な市場を開拓することに成功すると、競合が現れ、ベンチマークが行われる。製品スペックという指標がつくられる。

「敵」が明確なときにデータは役に立つ。つまり販売成績を営業担当者間で比べるときや、競合他社とシェアを比べるときなどだ。だが、まだ顧客が何を欲しているのかわからないときには、かえって顧客を理解することを阻害する。前述したシナリオはあくまでも特定の製品を売り出したことによって「製造された」データだからだ。クリステンセン氏は、このように製品販売がつくり出したデータを能動的データと呼び、ジョブを忘れてしまう原因として注意を喚起している。

『ジョブ理論』が顧客の置かれた状況を重視するのと同様、そのデータが生まれた状況を考慮したい。通勤の暇をつぶすためにミルクシェイクが雇われたという情報と、男性が朝7時にミルクシェイクを1つ買ったという情報とを比較すると、前者はコンテクストが豊富で応用でき、後者は定量的だが応用しにくいという特徴を持つ。後者のことをクリステンセン氏は能動的データと呼ぶ。能動的データはミルクシェイクを売る

ことでつくられるデータである。他方、通勤している男性が暇だという状況が先にあり、そこにミルクシェイクが登場したことによって雇われたという情報を受動的データと呼ぶ。

新商品を発表したり、広告を打ったりすると、一部の人はその情報に反応し、目新しさで試してみる。これも「製造された」能動的データの例である。データは嘘をつかないように見えるが、状況を知らずに使うと能動的に騙される。

見かけの成長

新しい製品やサービスが市場に受け入れられると、さまざまな波及効果がある。

・市場の認知が高まり、売るためのコストが下がる
・生産量が増え、生産コストが下がる
・利潤を追求し「拡販戦略」をとるのが合理的になる

簡単にいうと、顧客の片づけたいジョブを知らなくても、ビジネスを成長させやすくなるということだ。

> 企業が顧客との関係を強化するための大規模の投資をおこなうと、既存顧客にプロダクトをもっと多く売ろうという気持ちが自然に芽生えてくる。既存顧客にプロダクトを売るための限界コストはきわめて小さい。しかも大きな利益が見込める。われわれはこれを「見かけ上の成長」と呼ぶ。（『ジョブ理論』P.282）

冬に汗拭きシートを売る事例を紹介したように、大きく異なるジョブへの販売拡大には、新たにジョブを発見し、提案することが効果的だ。

他の例を挙げると、エクセルなどの表計算ソフトを考えてみたい。表計算ソフトは当初会計士などが財務計算をするときにぴったりだった。一度ソフトをインストールしたユーザは、計算を必要としない単純な「表作成」、さらには「文書作成」にまで流用する。究極なのは「神エクセル」ということになるが、文書を作成したいユーザーのやりくり（代替解決策）とみなしたらどうだろう。ファストフードを食べた後にぴったりな「歩きながらでも味わえるデザート」として登場したミルクシェイクがデザートとしてではなく、「通勤の退屈しのぎ」として雇われたことを思い出して頂きたい。企業ではなく、顧客が工夫した結果として売上が伸びれば伸びるほど、企業にとって「なぜ売れているのか？」がわからなくなってしまう嬉しいような悲しいようなことになるのだ。このような売上の伸びは「見かけ上の成長」だとクリステンセン氏は注意を促す。

人は見たいものを見る

顧客にジョブがあるように、製品を提供する企業にもジョブがある。「もっと売れるミルクシェイクをつくりたい」というジョブを持つ人は、どの味のミルクシェイクが売れているか、という情報には敏感になるが、バナナの売上情報には関心がない。あるいは、ミルクシェイクを買った人が通勤途中なのか、わざわざ店に買いに来たのかについても興味がない。通勤のついでに（味とは関係なく）暇つぶしのために買ったのだというインタビュー結果も受け入れがたいだろう。自信満々で商品を開発していればなおさらだ。「味を求めてわざわざ買いに来た」という声は深く印象に残り、「良いお客さん」として認識されるのとは好対照だ。クリステンセン氏が『イノベーションのジレンマ』で語った、「声の大きい」顧客のニーズに経営が引っ張られることにも近い現象だ。実際に、メーカーで顧客インタビューを行うと、「とはいえ、味は大事ですよね？」といった自社にとって希望的な確証を求める質問を投げてしまう。そう聞かれた顧客は「ま、まぁ」とリップサービスで応じることになり、議事録にしっかり残る。まさに確証データの誤謬である。

ジョブ理論の話をすると、一部の経営者は「顧客接点が多い営業に教えよう！」と早とちりをする。営業マンは確かに顧客に会うことに慣れているが、それは「売りたい」というジョブがあるためだ。安直に営業担当者にジョブの把握を期待するのは、販売につながりそうにない情報を捉えられなかったり、、軽視されたりするために失敗する。ジョブ探索そのものを「仕事（ジョブ）」として認識してもらわないと、売りたいものを裏づけるような情報しか得られずに終わるケースが多い。ジョブは商品の存在とは無関係に、顧客がやりたいことだということを忘れずに、冷静に顧客の置かれた状況を把握する努力が大切である。

Chapter 11

スタートアップにおけるジョブ理論

Chapter 11 スタートアップにおけるジョブ理論

企業は成長とともに顧客のジョブから距離ができてしまう。その必然的な流れについては前章で解説した通りだ。本章ではスタートアップがジョブ理論を活用することで成功までの道のりをなるべく短くすることができるのか見ていこう。もちろん、企業内スタートアップにも当てはまる話だ。

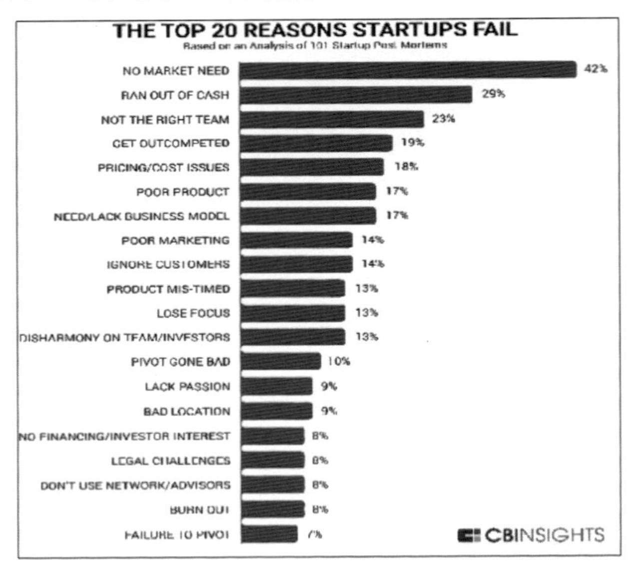

なぜスタートアップはうまくいかないのか？
CB insights より：https://www.cbinsights.com/

アクセラレーション・プログラムを運営していると、数多くの起業家に会うことになる。（INDEE Japan では ZENTECH DOJO というシード・アクセラレーション・プログラムを運営している）ほぼ全員が何らかのビジネスアイデアを自信満々で説明してくれる。悪くないアイデアも少なくない（逆に、アイデアはないが、起業家になりたいという人もいる）。しかし、残念ながら多くのスタートアップはうまくいかないのが統計である。しかもその割合は9割にのぼると言われている。既存品よりも優れた商品を開発したからといって、市場に受け入れるとは限らないし、画期的な技術を持っていても会社がうまくいくとは限らない。

スタートアップが失敗した理由を分析すると（英語では検死を意味するpost-mortemという縁起の悪い名前が付いている）、どの分析結果を見ても「ニーズの不足」がトップに来る。仮に製品が出来ても、買いたい人が少ないというわけだ。

> 驚くべき事実だが、大きな会社も小さな会社も、歴史ある大企業もできたばかりの新興企業も、10件に9件は新製品の立ち上げに失敗している。製品を購入しそうな顧客がまったくいない市場に無理に新製品を押し込もうとして何十億ドルものお金を無駄に費やしている。
> （『アントレプレナーの教科書』P.1　スティーブン・G・ブランク著）

作る前にニーズを確認する方法

「売り出せば、必ず売れる」どんな商品も自信満々に市場に送り出される。だが、そのような結果になるのがたった1割とはどういうことだろう。きっと一般的なやり方が間違っているという意味ではないだろうか。その一般的なやり方とは、売れそうなものを作って、宣伝をして、販売をする、というものだ。

スティーブン・ブランクの『アントレプレナーの教科書』やエリック・リースの『リーン・スタートアップ』などの名著の登場によって、製品開発に本格的に着手する前から顧客の声を聞くことが奨励されるようになった。日本ではまだこの考え方は常識というほど普及してはいないかもしれないが、シリコンバレーをはじめとする世界中のスタートアップ・

エコシステムでは当たり前となっている。知っていたとしても、顧客の声を聞くというのが案外難しい。ジョブ理論に馴染みがあれば、さらに一歩踏み込んで「顧客のジョブを片づける」かどうか聞こうという気にもなるだろう。しかし、誰に聞くかという問題が残っている。

アーリーアダプターを見つける

このヒントになるのが、普及理論である。新しい問題解決方法を社会が受け入れるプロセスをエヴェリット・ロジャースが解明した。ジェフリー・ムーアがロジャースの理論をビジネスの文脈で解説した『キャズム』ならもっと知られているだろう。この理論の本質は、市場に新商品が普及する過程は5つの異なるグループが順に受け入れていくという点にある。最初に受け入れる人たちは「イノベーター」、次の集団は「アーリーアダプター」、さらには「アーリーマジョリティ」、「レイトマジョリティ」、「ラガード」と続く。これらの5つのグループは異なる理由で新しいモノやコトを取り入れる。つまり、異なるジョブを持つ。新商品を成功させるには、このことは特に大事なポイントである。

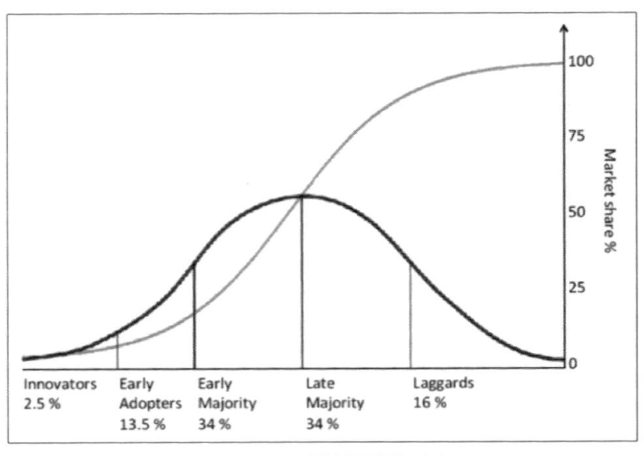

Wikipedia「普及学」より

最初のイノベーターは基本的に新し物好きなので、新奇性のある商品なら購入して試してみる。このようなイノベーターは、新しい技術を「刺激を得るために雇う」ことから、あまり顧客の声として参考にならないことが多い。技術的な興味を満たし、新しいものを試すことが目的であり、興味本位の意見が多いからだ。

だが、次のグループであるアーリーアダプターの場合は別だ。このグループは切実なジョブを持っているため、積極的に解決策を探している。彼らは抱えているジョブを解決するためには、さまざまな解決策を試す（つまり代替解決策を取っている）ことがわかっている。積極的に探しているということは、新商品が無名の企業がつくった試作品のようなものであっても採用する可能性も高いし、その試作品に対して建設的な意見をすることも期待できる。つまり、この集団に出会えることができれば、有意義なフィードバックを得られるだけでなく、初期のユーザーとなってくれる可能性があるのだ。逆にこのアーリーアダプターに受け入れられなければ、市場の大半を占めるアーリーマジョリティとレイトマジョリティを攻略することは不可能だ。なぜなら、アーリーマジョリティは同じジョブを抱えていても、もう少し実績のある解決策を選ぶからだ。つまり、アーリーマジョリティはアーリーアダプターが「毒味」をしたものしか食べないグループである。しかも、アーリーアダプターは新しいものも進んで問題解決へと繋げるため、影響力が大きいことも知られている。

つまり、このアーリーアダプターのジョブとジョブスペックを把握することが「顧客の声を聞く」ことの目的となる。「顧客の声を聞く」ことに取り組むスタートアップは、効率的にアンケートで数多くの声を聞こうとしてしまう。だが、アンケートのようなものでは言葉の重みや行間は伝わってこないので、あまりお勧めしないやり方だ。13.5%存在するアーリーアダプターを探すにはそれなりの数の人に会う必要があるが、直接話をすることが大切だ。ここは、文字通り「声」を聞きたい。

新しい解決策は雇用されるのか考える

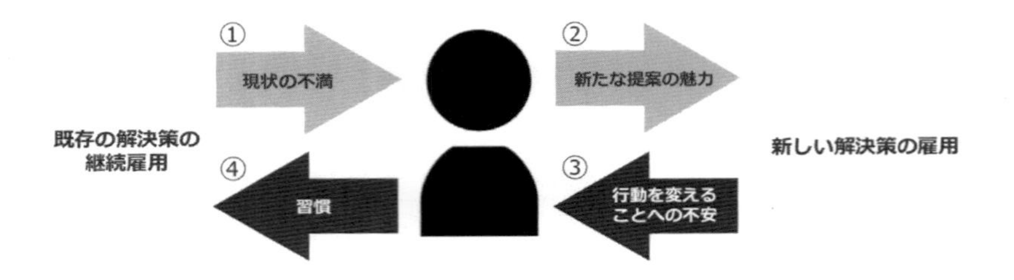

新しい解決策のアイデアを思いつくと、良い点ばかりが目につくものだ。今のやり方のまずい点や新しい解決策の優れた点ばかりを訴えたくなる。だが、顧客にしてみれば、優れた解決策であっても採用しない理由があることを忘れてはいけない。まず、行動を変え、新たな解決策を雇う不安が挙げられる。ロボット掃除機は良さそうだが、ちゃんとホコリを吸い取ってくれるだろうか？といった疑問は少なからず誰しも持つ。アーリーアダプターは相対的にこの不安は小さく、（解決策に満足すれば）後に控えるアーリーマジョリティの不安を取り除いてくれる。もう1つの抵抗は、現状の習慣をやめることである。新たな解決策を雇うということは、現状の解決策をクビにするということだからだ。

一方で、ジョブを片づけるうえで現状抱えている不満は追い風となる。新しい解決策との合わせ技が、顧客の行動を変えさせる。

例えば、UBERの顧客をとりまく4つの力を整理してみよう。

①【現状の不満】

顧客がジョブを片づける上で、手こずっていることや、結果の不満足が多ければ、他の解決策を取り入れようとする力になる。米国ではタクシーが汚く、ドライバーの対応も雑で、捕まえにくい状況にあった。そのため、UBERのような「白タク」であっても「今よりはマシかも？」という期待が働く。

②【新たな提案の魅力】

「公共の乗り物がない状況において、希望するところへと移動したい」というジョブを抱えた顧客にとって、より清潔で安心できて、料金の透明性が高いことがUBERの魅力である。この魅力は、企業側から見ると顧客への価値提案となる。後述するが、ジョブをとらえているかどうかは価値提案に凝縮されている。

③【行動を変えることへの不安】

新しい解決策を採用するときはいつでも不安があるものだ。理屈の上ではより良いものであっても、実際に優れた経験になるかどうかは疑問が残る。タクシーのように公認された車両とドライバーではなく、初対面の人の自動車に乗るには抵抗があるだろう。UBERでは、ドライバーの評判が公開されるシステムをつかい、なるべく不安を小さくする工夫がなされている。今であれば、知人がUBERを使った経験が共有されているので、初めての人でもこの不安が少なくなっているが、UBERの初めての顧客になることを想像してみよう。新たな商品を市場に出すときに顧客が直面する不安は過小評価しない方がいいだろう。

④【習慣・代替解決策】

不満が残ったとしても少なからず顧客のジョブは解決されているものだ。タクシーを拾うなら、道路に出て手を上げていれば、いずれ止まってくれ、行き先を伝えれば目的地に着く。だがUBERを拾うには、スマホを取り出し、現在地と目的地を設定しないといけない。習慣を変える必要があるのだ。アプリをダウンロードし、ユーザー登録するという特殊な準備も必要だ。タクシーであれば準備がいらなかったところを、わざわざ準備させる必要がある。

顧客の【現状の不満】は、提案している新たな解決策とは独立していることに注意が必要だ。現状に満足しきっていればゼロであり、逆に藁をもつかむような状況であることもあるだろう。提供しようとしている商品とは関係のない力である。【習慣・代替解決策】についても顧客が本質的に持っている抵抗力だ。ユーザーインタフェース（UI）を現状の習慣に近いものにしていくことでその抵抗を減らすことは可能だが、人の行動には慣性があり、ゼロにすることはできない。例えば、パソコンのGUIが「デスクトップ」に見立ててられているのは、机と紙で仕事をしていた状況からパソコンでの作業へ移行ストレスを少しでも減らそうという工夫である。【行動を変えることへの不安】もゼロにすることはできない。知名度のあるブランドや、権威をつかって不安を下げる努力も時折効果があるが、不安もゼロになることはない。

だが、【新たな提案の魅力】については、いくらでも高めることができる。顧客のジョブという文脈で、どのように優れた解決策が提供できるのか、企業の創造性の結果としていくらでも生み出せる力なのだ。

新商品のエッセンス【価値提案】を研ぎ澄ます

新しい商品には何か顧客にとっての価値が伴っていることが求められる。たとえ無料アプリであっても、行動を変える抵抗を乗り越えるだけの魅力が示されていなければ使われることがないだろう。この製品やサービスが持つ魅力を顧客のジョブの文脈で語ったものを「価値提案」（Value Proposition）という。

> “ビジネスモデルが成功するためには、明確で強力な顧客価値提案が欠かせない。目指すべきは、顧客にとって重要な未解決のジョブを見つけ出し、そのジョブを処理するための商品やサービス（もしくは、その両方の組み合わせ）を一定の価格で提供すること。”
> （『ホワイトスペース戦略』P.52　マーク・ジョンソン著）

価値提案では単に商品の特徴や優れていることを述べてはいけない。

例えば、新型の大型洗濯機であれば、その特徴として洗濯容量や形状、さらには節水機能だとかありとあらゆる説明をしてしまいがちだ。だが、顧客のジョブを片づける際に、どのような働きをするのかを述べたい。

作り手ほどには顧客は技術や製品の良さを分かり得ないし、顧客は顧客の世界に住んでいる。彼らの世界に雇われる理由があるはずだ。「ドラム式」であるといった製品スペックを語るのではなく、「2人世帯・週1回ボタン一つで洗濯が済む」ことを価値提案としてはどうだろう。

「価値提案」を磨くことのメリットは、商品の良さを伝えることに限らない。開発を進める前に顧客開発、つまりアーリーアダプターの発見と検証ができる点が最大のメリットだろう。以前に述べたプロブレム・ソリューション・フィット（PSF）を目指している段階であれば、価値提案そのものが受け入れられるかどうかを確認するためのリトマス紙をタダでつくることができる。共稼ぎ夫婦に「2人世帯・週1回ボタン一つで洗濯が済む洗濯機」が欲しいかどうか尋ねてまわるのだ。得られるフィードバックは、欲しいか、欲しくないかだけではない。顧客候補が多く住んでいる場所や、どんなものを洗濯するのか？いくらくらいなら出せるか？他にどんな機能があると嬉しいか？等々、商品開発に不可欠な情報が得られる。

PSFを経てプロダクト・マーケット・フィット（PMF）を目指すのであれば、MVP（Minimum Viable Product）をつくることになる。この

MVPの仕様を決めるのは実は大変な作業だ。しっかりと評価してもらいたいという心理が働き、機能を盛り込みすぎてしまったり、過度な品質を追求してしまったりしがちだ。色々な機能の実現性や、価格など検証するべき仮説が多いのは確かだが、顧客にとっての「価値提案」が受け入れられるかどうかを中心に、検証する仮説は絞りたい。実は、検証する仮説とMVPをつくるコストは線形な関係になっていない。特にハードウェア系のスタートアップであれば、この傾向は顕著である。そのため、案外複数のMVPをつくるというのが効果的だ。

MVPという言葉は、Webやアプリのスタートアップが数多く輩出されたシリコンバレーであり、一つのものを想定している。だが、ハードウェア関連のスタートアップであれば、機能など技術的な面を検証する**プロトタイプ**、商品イメージを伝えるための**モックアップ**、ジョブをどのように解決するかを伝える**ストーリー動画**、を上手に使い分けたい。

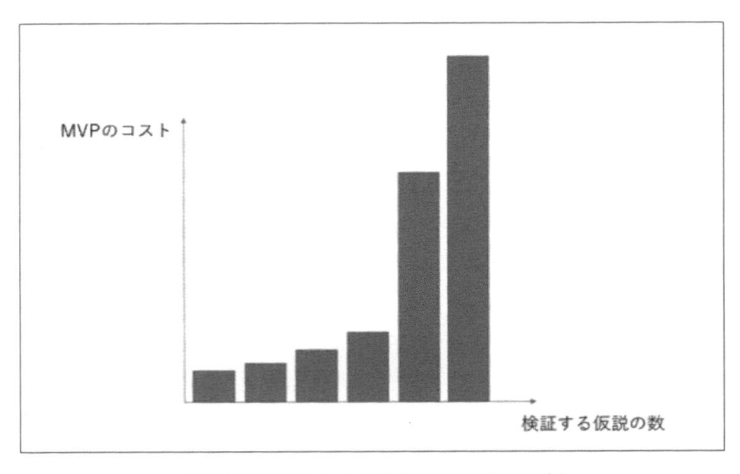

MVPのコストと検証する仮説の関係

Chapter 12

ジョブ理論による成功するビジネスの予想

Chapter 12 ジョブ理論による成功するビジネスの予想

ビジネスに関する理論は、後知恵でばかりだという批判は絶えない。実用的に未来を見通すことができ、創造する役に立ってこその理論である。本章はジョブ理論の観点でいくつかの予想をしてみたい。大小のテーマ、なるべく業界もさまざまなものを挙げてみた。もし、この中にヒントを感じて、実現してみたいと思うものがあれば、ぜひ INDEE Japan にお声がけ頂けるとなお心強い。

クリステンセンの予想

クリステンセン氏はジョブ理論を語る際に、ミルクシェイクの話を必ずすることはすでに述べたとおりだ。そして、ジョブ理論を使った新しいビジネスの話をする際には、「営業仕様」のクルマについて説明してくれる。アメリカのような車社会になっている地域では、営業マンは決まって営業車で担当地域を回る。保険の営業であれば、一軒一軒取引先に自家用車を運転して回る。営業マンにとって、打ち合わせと打ち合わせの間は、多少時間があるので、そういう時間はクルマのなかで過ごすことになる。路上に止めて昼寝をすることもあるかもしれないが、メールをチェックしたり、資料を作成したりと、仕事をすることも欠かせない。スマホで事足りることも多いが、パソコンを開き書類を作成することも必要だ。だが、今のクルマはパソコンを開くようにできていない。ハンドルが邪魔で作業には向いておらず、落ち着いて仕事をするには狭く感じるだろう。スマホの充電はできたとしても、パソコンの充電はできないといった問題もある。

つまり、「クルマで外回りをする営業マンは、車内で仕事がしたい」という大切なジョブを抱えているにもかかわらず、作業性が低く、充電ができないという障害に直面しているのだ。狭い運転席でぎこちなく作業したり、わざわざカフェに立ち寄ったりという代替解決策を取っている人もいる。このような状況を解決するようなイノベーションは考えられないだろうか？とクリステンセン氏は問いかける。「営業仕様車」を売り出せば、特に営業車を会社で用意する日本企業には需要があるのではないだろうか？

ヘルスケア

医療は規模が極めて大きい市場だ。現在、医薬品だけをみても世界で120兆円以上、日本だけでもおよそ12兆円の巨大産業となっている。医薬品以外に医療機器やサービスも国の税金で賄う必要がある。GDPが伸長しないなか、高齢者が増えるご時勢においては、いかに低価格で医療サービスを提供することができるのか、国にとって重要な課題になっている。医療経済性というキーワードを掲げ、病気の治療に限られていたヘルスケアを未然予防や健康管理、さらには健康増進に拡大し、国や官公庁、企業、スタートアップがさまざまな取り組みを行っている。だが、ジョブの観点でみると、「未病」段階でのサービスを普及させるのはとても困難である。理由はこうだ。

- 「健康でいたい」というジョブを誰もが持つものの、それを阻害する誘惑も非常に多い。
- 誘惑の多くは、「美味しいものを食べたい」「楽がしたい」「リラックスしたい」などという、どれも強いジョブである。
- 特に生活習慣病については、生活習慣と疾病率の関係が強く、「健康でいたい」というジョブを誘惑が勝るため多くの人にとって「健康でいたい」ジョブを片づけることが難しくなっている。
したがって「もっと健康になりたい」、というジョブを片づけようと「思っている」いる人はそれなりにいるが、「生活習慣病を防ぎたい」というジョブを片づけようとしている人はとても少ないと言えるだろう。つまり、真正面から「生活習慣病を防ぐ」ことを目指すチャレンジは予想よりもはるかにユーザーの獲得に苦労することになるだろう。

ただ、「健康でいたい」というジョブが誘惑に勝つ方法は少なくとも２つある。１つは、一度健康を損なった後である。健康を一度失ったことのある人であれば、その有り難みは骨身に染みる。「再発を防ぎたい」とか「悪化を防ぎたい」というジョブなら多くの誘惑に勝る可能性がある。もう１つは、もっと優れた誘惑をつくることだ。スマホゲームのように食事管理ができたり、遊んでいるうちに体を鍛えたり、いわゆる「ゲーミフィケーション」を取り入れることである。つまり、単に「健康でいたい」だけでなく、「楽しく健康でいたい」ことを顧客ジョブとしてとらえることで、成功への道筋が見えるのではないだろうか。人が飽きることなく、何かに取り組むためのノウハウを持つ企業が登場すれば、このチャレンジを解決できるのではないかと考えている。

ヘルスケアに関してはもう一つの予想を挙げておきたい。先日、米ドラックストアのCVSヘルス社が保険会社エトナの買収を発表したように、保険会社が医療と距離を縮めるであろうというものだ。医療保険を提供する企業は、加入者が病気になるのを減らしたい。それだけでなく、なるべく安価な医療を届けて保険金の支払いを減らしたいというジョブもある。国家レベルでは、安全な医療を全国民に提供したいということと、医療経済性もついでに高めたいというジレンマにあるのに対し、民間の保険会社はシンプルな状況にある。保険会社が医療との距離を縮める傾向は、米国のように民間の医療保険がメインとなっている国で特に顕著である。

高齢者ビジネス

日本市場の特徴の一つは、とても高齢化していることである。国民の平均寿命は83歳、平均年齢は46歳を超え、いずれも世界第一位である。消費者の大半はシニア世代なのだ。そうなると、従来の高齢者ビジネスにありがちなイメージから脱却した発想が必要になる。60代でも現役であったり、多趣味に活躍されていたり、幅広く活動している方が断然多い。ジョブの観点で言うと、「隠居したい」というジョブから「現役でいたい」というものへとシフトしている。他方で「現役でいたい」というジョブを片づけるのにふさわしいサービスや企業は登場していないように見える。ここは大きなチャンスであり、これから多様なサービスや製品が市場に受け入れられる余地があるのではないだろうか。

高齢者専用というわけではないが、日本特有の課題として「風呂」がある。最近のジムには高齢者が数多く加入し、通っているのだが、必ずしも体を鍛えるためではないという。井戸端会議的に友人との交流や、トレーナーとの楽しい時間を過ごすことを目的にしている方が多い。そして実に多いのが、「入浴」という目的である。軽く汗をかいて、仲間と話をして、お風呂に入って帰るというのだ。考えてみると、1人や2人のために毎日風呂を洗って、沸かすという作業は重労働である。もし、何かのついでに風呂も済ませることができるのであれば、ぴったりである。例えば、定額制のスーパー銭湯や、ショッピングセンター隣接の入浴施設などがあれば、流行るのではないだろうか。自宅の風呂と競合するため、定額制というのが鍵になりそうだ。

自宅で風呂に入りたい人も多く存在すると思う。風呂掃除ロボットは身近にロボットの用途として考えられる。「毎日、キレイな風呂に入りたい」と言うジョブを片づけようとしている数多くの人は、今のところスポンジと洗剤以外の道具を渡されていない。もっと高度な道具を雇いたいと思っている顧客は多く存在するのではないかと予想している。

風呂ほど身近ではないが「お墓選び」というのも避けられないジョブである。従来、多くの家族は代々が入るお墓が守られていて、親が亡くなっても入るお墓を選ぶ必要がなかった。しかし、核家族が増え、土地に縛られない生き方をしている世代にとって、お墓は「選ぶ」ものとなってきている。また、親類縁者などに対して「立派なお墓を選ぶ」という旧来的な社会的ジョブを片づける必要がない家族も増えている。すでにマンションタイプの墓地は存在するが、さらに低価格化したり、利便性を高めたり、バーチャル化などの墓地が増えるのではないかと予想する。

小売～ショッピングのジョブ～

ショッピングが週末の過ごし方だと見なされるようになって久しい。アメリカでアウトレットモールが流行ったころは、「全米一の趣味をつくった」とまで言われ、特に大規模商業施設でのショッピングは、その象徴的な存在である。週末にショッピングモールが雇われる理由を考えてみると、面白い点がいくつもある。

- 家族で出かけることができる
- 子供が安全に歩き回ることができる
- いつも行くところであっても、目新しいものが何かしらある
- 買い食いや食事ができて、お腹も満たされる
- さまざまな商品に出会えて“お得感”を感じることもある
- 数多い商品を目にするだけに、気に入ったものが見つかったときの喜びは大きい

一方で、デメリットもいくつかある。

・必要なものを買うには大規模すぎて効率が悪い
・子供の欲しがるものが多くて、何かしら買わされる
・大規模ブランド中心の出店で、画一的である
・（ネットと比べて）金額を網羅的に調べて安く買うことができない

まとめると、モールにショッピングに出かける顧客は決して「安いものを買いたい」というジョブを片づけたいのではない。アマゾンをはじめとするネット通販にかなうわけがないし、このジョブを片づけようとして、利益を削っているのがリアル店舗の現状ではないだろうか。モノを買うためでなく、時間の過ごし方として、「広々と子供を遊ばせたい」「目新しい商品を見たい」「自分の好きな商品に出会いたい」というジョブをなるべく安く片づけたいために人はわざわざ出かけてショッピングすると考えてみてはどうだろう。特に「自分の好きな商品に出会いたい」というジョブを解決しているところは見受けられない。出会いの演出という面を強化したテーマ別のショッピングセンターやモールは可能性があるのではないだろうか。

リアル店舗とは異なり、オンラインで買うような品物は、すでに顧客が知っていて安心しているようなものである。「発見」の要素はない。気に入っている商品をリピートするときや、「買い出し」と呼ばれるようなシチュエーション、要するに必需品の購入に関しては、すぐ届き、安く手に入るネットショッピングが優れている。この機能的ジョブをさらに効率的に解決するには、アマゾンの定期デリバリーやダッシュボタンのような解決策は有効だ。さらに、定期的に購入するべきコメ、せっけん、シャンプー、等々の日常品がセットでデリバリーがされるなら、さらに必需品の買い物という面倒なジョブがシンプルに片づくのではないだろ

うか。このあたりのサービスが増えてくると面白い。「店屋物」や「富山の薬売り」といったデリバリーを前提としたサービスは日本のお家芸であったはずだ。さらに、近年では世界的な日本食ブームである。米国発のデリバリースタートアップも多いが、日本から世界展開するような企業があってもいいのではないかと、期待を込めて予想しよう。

ウェアラブル

「Google Glass」「Apple Watch」に代表されるウェアラブル端末は、グーグルやアップルのようなイノベーティブな企業が出した割には、大きなインパクトを生んでいないように見える。技術的にはどちらもとても優れているものの、これといった片づけるジョブがないからではないだろうか。ウェアラブルの大半が提案している価値は、「わざわざスマホを出さなくても○○ができる」とか「意識しなくても○○ができる」といったものである。○○にはジョブが入るわけだが、現在のところあまり強いジョブ、つまりキラーアプリケーションが存在していない状態だ。強いて言えば、「最先端のテクノロジーを使いこなしたい」といった感情的ジョブや、そのように見られたいという社会的ジョブには十分応えているので、より斬新なニッチ機能が求められるだろう。

これから世界を席巻するウェアラブルが登場するとしたら、特定の状況に特化したものではないかと予想する。まるでドライブレコーダーがタクシーから普及したように、ユニークな状況で生じるジョブを片づけるのにぴったりのモノをつくり、ついでに違う状況においても使ってもらったり、廉価版を一般ユーザーに提供したりする企業かもしれない。ガーミンがGPSを普及させたのも、最初の船舶用製品を1990年に発表したことがきっかけとなっている。その後、普段私たちが見かけるような個人向けの腕時計型へと発展させている。個人向けの製品もハイキングや自転車など、アウトドアで長距離移動するようなユニークな状況において「迷子にならずに冒険がしたい」という共通のジョブを片づけながら成長しているのだ。

多すぎるアプリ

スマホやPCの「アプリ」はアプリケーション、つまり用途を解決するソフトウェアという意味合いだ。作り手が想定した用途が、数多くのユーザーのジョブと一致するとそのアプリは普及する。「スケジュール管理がしたい」ならGoogle Calendar、「公共交通機関を効率よく利用したい」なら乗り換え案内、「受験勉強の進捗を確認したい」ならスタディサプリ、といった具合に数多くのアプリがスマホの画面を敷き詰めている。アプリがどんどん増えているので、パスワード管理が大変になる。「パスワード管理をしたい」というジョブを持つ人もいるだろうが、多くの人は「(パスワードなんて管理せずに) 複数のアプリを安全に使いたいと」思っているのではないだろうか。生体認証の方法もいくつか登場しているが、今のところ、このジョブを上手に片づけているものは存在していない。単なるセンサーやデバイスではなく、アプリを統合しながら解決してくれるソリューションの登場を待ちたい。

自由に遊べるハイテク機器

一見ジョブ理論とは矛盾するようだが、実は「面白い」テクノロジーには可能性がたくさんある。Raspberry Pi(ラズベリーパイ)やArduino(アルディーノ)といった、一見実用性の低い超小型パソコンで遊んでいる人は案外多い。ただ、ディスプレイも電源もついていないので、買ってもすぐに使えるような代物ではない。使えるようにディスプレイ、電源、キーボードを繋いだところで、劣化版のパソコンができるだけだが、本格的に面白くなるのは、自分なりの「つまらないもの」をつくったときである。折り紙が従来解決してきたジョブも同じだ。色々なものを作ることや作り方を学んだりすること自体が目的になっている。たくさんのものができる一方で、実用的なものは何一つできない。つまり、「学びたい」とか「遊びたい」「作りたい」といったジョブに応えるデバイス、いわゆるガジェットがあってもよいのではないだろうか。最近のガジェットは、単機能でスマホと連動し、使いやすいが、片づけられるジョブが少ないものが多い。趣味として割り切れるようなガジェットがあれば、趣味にしたいと考える人はそれなりに存在するだろう。ソニーのIoTおもちゃtoioやNintendo Laboなどは期待できるが、一家に一台というものではないことに留意したい。大量生産のビジネスモデルを当てはめると、顧客に愛されたとしても社内の期待に負けてしまう可能性がある。

ジョブ軸のポイントカード

いま、消費者の財布の中はポイントカードであふれている。ポイントカードは消費者にポイントや割引の特典を与えて、再来店を促すものであるとともに、カード発行者にとってはマーケティングに役立つ情報を集めることができる。だが、たくさんのポイントカードを個人が保有している状況では、再来店を促すほどの動機になることは少ないし、多数のカードにまたがったマーケティング情報は断片的になってしまう。加えて、デモグラフィックと消費行動の因果関係はないのだ。だが、もし特定のジョブを軸にカードをつくることができたらどうだろう？例えば、「家事をする」「出張する」「結婚する」「引越しをする」といったジョブを軸にしたそれぞれのカードプラットフォームがあれば、消費者にとって使う必然性も高まるし、各店舗にとって情報の意義は高まる。パーパスブランドとなるようなポイントカードがあってもいいではないだろうか。

ポイントカードへと発展させるほどではなくても、多角化し、複雑なビジネスモデルを整理するために顧客ジョブによるセグメンテーション（市場分割）を行う流れはできていくのではないかと勝手な期待を込めて予言しておこう。

【Column】

クリステンセン教授が日本で語ったこと

クレイトン・クリステンセンは2015年の11月に来日し、講演をおこなった。(C&Cユーザーフォーラム&iEXPO2015)

この来日講演でクリステンセン教授は、ジョブ理論の考え方を紹介した。これまで多くの企業が、顧客に製品を売るために、「顧客を知る」ことを一義としてきが、本当に大切なことは、顧客を知ることではなく、「顧客がおこなうべき用事(Jobs)を知ること」なのだと述べた。

またこの時、クリステンセンは日本が過去に輝かしいイノベーションを行ったことを強調し、90年代以降の日本の産業の停滞は、破壊型ではない「持続型イノベーション」にこだわりすぎたことが原因だが、日本の産業にもイノベーションによって復活の可能性があると語った。この時のクリステンセンのメッセージは、参加した日本の企業の経営者を大いに勇気づけるものだった。(翔泳社 Biz/Zine 編集部)

Final Chapter

自分自身のジョブを省みる

Final Chapter 自分自身のジョブを省みる

本書を通じて、ジョブ理論がどのようなもので、どのように役立つ理論なのかをお伝えしてきた。この章では、ビジネスを離れて、日常的にもジョブ理論が活用できることをお伝えしよう。

人生のジョブ

クリステンセン氏の著作である『イノベーション・オブ・ライフ』を手に取ったことはあるだろうか？他のクリステンセン氏の本とは異なり、自己啓発本として書店に置かれているかもしれない。教鞭を執るハーバードビジネススクールで毎年、優秀な学生を送り出し、彼らに順風満帆のキャリアを歩むきっかけを与えているにもかかわらず、必ずしも学生たちが「幸福」を掴んではいない事実を掘り下げた本だ。学生向けに書かれているが、どの年代の方にも役立つ視点が満載なので、ぜひ一読をお薦めする。

『イノベーション・オブ・ライフ』には、自分がどのようなジョブのために雇われているのかを理解することが重要だと書かれている。文字通り会社になぜ雇用されているのだろうか？家族には？その問いにジョブ理論が最大の洞察を与えてくれるのは、プライベートな領域だとクリステンセン氏は書く。耳の痛い話だが、夫婦の問題はこのジョブのすれ違いだというのだ。

ミルクシェイクの購入者と同様、あなたと妻は、それぞれが個人的に片づけようとしている基本的な用事を、いつもうまく説明できるとは限らない。ましてや、妻があなたを雇う用事を説明するとなると、なおさら難しい。この用事を理解するには、直感と共感という、重要なインプットが欠かせない。妻の立場に立つだけでなく、妻の気持ちになり、また妻の人生全体という観点から考える必要がある。(『イノベーション・オブ・ライフ』P.125)

胸に刺さる。夫婦間に限らず、いとも簡単に「相手のため」と考え、独善的な行動をとってしまったのだろうと懺悔したい気持ちになる。思い当たる節は幾度となくあり、果たしてそのようなことを自分はできるだろうかと思うものだが、ジョブ理論は自分とは別の人格を持ったパートナーを理解し、まさに進歩するための示唆となっていないだろうか?

後ろではなく、前を向く

クリステンセン氏の『イノベーションのジレンマ』を読んだとき、筆者はまさに破壊的イノベーションが繰り返されていたハードディスク業界の中にいた。その後ハードディスク業界自身の破壊状況が進行し、多くのアプリケーションではハードディスクがフラッシュメモリーに取って代わられた。実際、破壊的イノベーションが自分や仲間の身に降りかかったのだ。続編の『イノベーションへの解』では、顧客に商品が選ばれる理由についての理論、つまりジョブ理論を披露した。ジョブ理論に触れた当時は、「なるほど。だから、容量や価格で優れていたハードディスクがフラッシュメモリーに破壊されたのか」と理解した。ある意味、理解しただけと言えるだろう。というのも、他の業界で起きていた変化は気づくことができなかったからだ。ジョブ理論を、過去の分析のために使うことはできていたが、未来を創るために使うことはできていなかった。

その後、いくつかの事業を立ち上げようとすると「顧客のジョブ」が立ちはだかった。こちらがやりたいことを、お客さんは良いと思ってくれないのだ。優れた解決策は顧客が選ぶものだ、ということは頭でわかっていても、実行に移すのは難しい。作り手から見て良かれと思った解決策が拒絶されるという経験は、改めてジョブ理論に向き合う機会を与えてくれた。向き合うことで風穴が空いたプロジェクトはあった。また、顧客のジョブがどうしてもわからないこともあった。

そんなとき、改めてやってみたことがある。それは、顧客ではない身近な友人、家族、そして自分自身に問いを立て、観察することだ。「何をしたいのか？」「それはなぜか？」「どんな困難があるのか？」「どのように今は取組んでいるのか？」。よく知っているはずの仲間、そして自分自身についても、これらの問いに答えるのが難しい場面があったことに愕然とした。特に「自分は何をしたいのか？」と自問自答することは、パワフルだ。どんな代替解決策をとっていて、どんな障害に直面しているのか、という要素にまで踏み込むと、本当に目指しているものが見えるし、本当の障害がわかるので、具体的な課題設定がしやすい。

例えば、「旅行に行きたい」と思ったときに、「なぜだろう？」と考える。なぜ旅行に行きたいのか？どういう思い出をつくりたいのか？どういう経験をしたいのか？イメージが湧いてくる。計画するときの話も盛り上がるし、意見が割れたときに全員のジョブを踏まえて計画することも可能だ。「美味しいものが食べたい」「リラックスしたい」「買い物したい」「家族との思い出をつくりたい」「世界遺産をすべて見たい」「冒険がしたい」。家族旅行ひとつを取り上げても実に多くの「進歩」があることに驚き、その個性に感動する。余談になるが、筆者が比較的無計画な旅が好きなのは、「発見がしたい」というジョブがあるからだということに最近気づいた。綿密に調べてから旅行に行っても、事前調査したことを再確認するばかりで発見が少ないと感じるからだ。調べるにしても、観光ガイドではなく書籍などで歴史的背景を理解した方が、旅の機能的な面以外にも楽しみが生まれる。

日常の行動は代替解決策ばかり？

ジョブからとらえ直すことで、例えば、毎年の家族旅行が本当にやりたかったことの代替解決策になっていることに気づくかもしれない。いつもの旅行が金銭的、能力的、時間的、アクセス的な障害があるための妥協案だとすると、本当はどのような経験がしたいのだろう？

・毎年行っている社員旅行はどのような目的があるのだろう？
　一人一人のジョブは？そのジョブは普段満たされているだろうか？
・あのつまらない定例会議は、参加者のどのようなジョブを解決しようとしているのだろうか？招集者のジョブは？参加者のジョブは？機能的な側面、感情的な側面、社会的側面は何だろう？
・毎朝見ているテレビ番組はなぜ雇っているのだろうか？
・通勤経路を選んだ理由は？
・そのスマホを選んだ理由は？なぜ今買い換えるのか？

実は何気なく過ごしている毎日のルーチンは、もっと優れた解決策に対する代替解決策ではないだろうか？私たちは手段を目的化してしまう傾向がある。目先の手段にとらわれず、周りに目を向け、違うやり方で望んでいる進歩をしてみてはどうだろうか？手段に縛られることの息苦しさが減り、新たな視野が広がるはずだ。

自分の目的をはっきり意識することは、長い目で見れば、活動基準原価計算（ABC）やバランススコアカード、コアコンピタンス、破壊的イノベー

ション、マーケティングの4P、ファイブフォース分析といったハーバードで教える重要な経営理論の知識に勝るのだ。(『イノベーション・オブ・ライフ』P.231)

消費に限らない行動の「仕組み」

『ジョブ理論』の最終章には、クリステンセン氏が学生に講義の目的を聞かれたときの話が紹介されている。その学生の質問に対して、一晩考えた上でこのように回答したという。

このクラスでは、“何が原因で何が起こるのか”を説明する理論を学びます。物事の仕組みを知ることには大きな価値があるからね(『ジョブ理論』P.348)

さまざまなものの「仕組み」の中でも、とりわけ人間の仕組みというのものは相当謎が多い。さらに自分自身の仕組みはわかっているようで、案外わかっていない。目先の誘惑に負けて失敗したり、やっているうちに目標を見失ってしまったり、ということは誰しも経験があるはずだ。また、自分がそもそも「何をしたいのか?」ということでモヤモヤと悩むのも辛い。自分はどんな「仕組み」で動いているのか?どのような進歩をしようとしているのだろうか?これらの問いを持つことで、どれだけ充実した人生が送れるか、ぜひ想像して頂きたい。この洞察からはビジネスだけでなく、人生を豊かにするヒントがきっとあるはずだ。

本書の内容は、翔泳社が運営する「Biz/Zine（bizzine.jp）」の連載記事に大幅に追記・編集を施したものです。

参考文献

『ジョブ理論 イノベーションを予測可能にする消費のメカニズム』
（クレイトン・クリステンセン／タディ・ホール／カレン・ディロン他：著、依田 光江：翻訳、ハーパーコリンズ・ジャパン刊）
『イノベーションのジレンマ―技術革新が巨大企業を滅ぼすとき』
（クレイトン・クリステンセン：著、玉田 俊平太：監修、伊豆原 弓：翻訳、翔泳社刊）
『イノベーションへの解 利益ある成長に向けて』
（クレイトン・クリステンセン：著、玉田 俊平太：監修、翔泳社刊）
『イノベーション・オブ・ライフ』
（クレイトン・クリステンセン：著、櫻井 祐子：翻訳、翔泳社刊）
『バリュー・プロポジション・デザイン』
（アレックス・オスターワルダー／イヴ・ピニュール：著、関 美和：翻訳、翔泳社刊）
『キャズム２』
（ジェフリー・ムーア：著、川又 政治：翻訳、翔泳社刊）
『ザ・ファーストマイル』
（スコット・D・アンソニー：著、山田 竜也／津田 真吾／津嶋 辰郎：監修、翔泳社刊）
『ホワイトスペース戦略』
（マーク・ジョンソン：著、池村 千秋：翻訳、CCC メディアハウス刊）
『アントレプレナーの教科書 [新装版]』
（スティーブン・G・ブランク：著、堤 孝志／渡邊 哲：翻訳、翔泳社刊）

本書内容に関するお問い合わせについて

このたびは翔泳社の書籍をお買い上げいただき、誠にありがとうございます。弊社では、読者の皆様からのお問い合わせに適切に対応させていただくため、以下のガイドラインへのご協力をお願い致しております。下記項目をお読みいただき、手順に従ってお問い合わせください。

●ご質問される前に

弊社Webサイトの「正誤表」をご参照ください。これまでに判明した正誤や追加情報を掲載しています。

正誤表　http://www.shoeisha.co.jp/book/errata/

●ご質問方法

弊社Webサイトの「刊行物Q&A」をご利用ください。

刊行物Q&A　http://www.shoeisha.co.jp/book/qa/

インターネットをご利用でない場合は、FAXまたは郵便にて、下記"翔泳社 愛読者サービスセンター"までお問い合わせください。
電話でのご質問は、お受けしておりません。

●回答について

回答は、ご質問いただいた手段によってご返事申し上げます。ご質問の内容によっては、回答に数日ないしはそれ以上の期間を要する場合があります。

●ご質問に際してのご注意

本書の対象を越えるもの、記述個所を特定されないもの、また読者固有の環境に起因するご質問等にはお答えできませんので、予めご了承ください。

●郵便物送付先およびFAX番号

送付先住所　〒160-0006　東京都新宿区舟町5
FAX番号　03-5362-3818
宛先　（株）翔泳社 愛読者サービスセンター

【著者プロフィール】

津田 真吾（つだ しんご）
INDEE Japan 代表取締役テクニカルディレクター
『ジョブ理論』解説。日本アイ・ビー・エム、日立グローバルストレージテクノロジーズ、iTiD コンサルティングを経て、イノベーションコンサルティングおよびハンズオン事業開発支援に特化したINDEE Japanを共同設立。HDDの開発エンジニア時代に「イノベーションのジレンマ」に触れ、イノベーションの道を歩み続けることを決意する。『巻き込む力』翻訳、『ザ・ファーストマイル』監修。

INDEE Japan
2011年設立のイノベーションファーム
クレイトン・クリステンセン設立の米国イノサイトと提携し、大手企業が新規事業を成功させるための支援を行う。また、シード期のベンチャー企業を支援するアクセラレーション・プログラム ZENTECH DOJO **Nihonbashi** の運営も手掛ける。

INDEE Japan 編集チーム
津嶋 辰郎　代表取締役マネージングディレクター
人力飛行機チームを創設し、鳥人間コンテストを２度優勝。半導体ベンチャーの創業メンバー等を経てINDEE Japanを共同創業。
山田 竜也　取締役トレーニングディレクター
INDEE Japan を共同創業。ジョブ理論、事業開発、組織開発をテーマにコンサルタント、IAF認定ファシリテーターとして活動中。
加藤 寛士
日本HP、国立情報学研究所を経てINDEE Japanに参画。AIを活用した新規事業プロジェクトを手掛けるなど、ジョブを解決するテクノロジー開発を推進。

Editorial & Design by Little Wing

「ジョブ理論」完全理解読本
ビジネスに活かすクリステンセン最新理論

2018年3月15日　初版第1刷発行（オンデマンド印刷版　Ver.1.0）

著　　者　津田 真吾（ツダ シンゴ）＋ INDEE Japan（インディー ジャパン）
発 行 人　佐々木 幹夫
発 行 所　株式会社翔泳社（http://www.shoeisha.co.jp）
印刷・製本　大日本印刷株式会社

本書へのお問い合わせについては、137ページに記載の内容をお読みください。
造本には細心の注意を払っておりますが、万一、落丁や乱丁がございましたら、お取り替えいたします。03-5362-3705 までご連絡ください。

ISBN978-4-7981-5710-8　　Printed in Japan